بے زبانی کا ہنر

(غزلیں)

ڈاکٹر سجّاد سیّد

Bezubani ka Hunar *(Ghazals, Poetry Collection)*
by: Dr. Sajjad Sayyed
Edition: November '2025
Publisher :
Taemeer Publications LLC (Michigan, USA / Hyderabad, India)

ISBN 978-93-6908-171-4
9 789369 081714

کتاب	:	**بے زبانی کا ہنر** (غزلیں)
مصنف	:	**ڈاکٹر سجّاد سیّد**
صنف	:	شاعری
ناشر	:	تعمیر پبلی کیشنز (حیدرآباد، انڈیا)
سالِ اشاعت	:	۲۰۲۵ء
صفحات	:	۲۰۶
سرورق ڈیزائن	:	تعمیر ویب ڈیزائن

انتساب

بواجی

(دادی مرحومہ)

کے نام

جن کے سایۂ شفقت میں میرا بچپن گذرا۔

○ ڈاکٹر سجّاد سیّد

بے زبانی کا ہنر

غزلیں

رنگ لائے گا ہماری بے زبانی کا ہُنر
عام ہو گا اب یہاں آتش بیانی کا ہُنر

ڈاکٹر سجّاد سیّد

اپنی بات

مجھے اعتراف ہے کہ نثر لکھنا میرے لئے اشعار لکھنے سے زیادہ دشوار گذار عمل ہے (شاید اسی لیے میں اچھے شاعروں سے زیادہ اچھے نثر نگاروں سے مرعوب ہوتا رہا ہوں) اور اگر اتفاق سے موضوع خود میری ذات ہو تو یہ کام اور بھی مشکل ہو جاتا ہے۔ دراصل ہوتا یوں ہے کہ جب کبھی بحالتِ مجبوری ایسا کرنا پڑ جائے تو میرے سامنے میری کمزوریاں اور نارسائیاں آ کھڑی ہوتی ہیں بس پھر کیا لکھنا اور کیسے لکھنا۔ بہر حال چوں کہ اب کسی بھی کتاب کی اشاعت کے وقت مصنف کے خود اپنے اور اپنی تصنیف کے بارے میں اظہارِ خیال کی روایت بدعت بن چکی ہے اسلیے اس کی پاسداری میں اپنی شاعری پر خامہ فرسائی انگشت نمائی اور تنقید و تنقیص کے سارے میدان فاضل قارئین کرام کے حق میں محفوظ کرتے ہوئے میں اپنے بارے میں محض برائے تعارف یہاں کچھ عرض کر رہا ہوں۔

نام سید سجاد حسین اور قلمی نام ڈاکٹر سجاد سید ہے۔ میری پیدائش قصبہ الدن تحصیل ہاپوڑ ضلع میرٹھ میں ۲۶، نومبر ۱۹۵۰ء کو ایک زمیندار گھرانے میں ہوئی۔ میرے والد کا نام سید احمد ہے اور دادا مرحوم کا اسم گرامی سید ممتاز علی تھا۔ میرے بچپن کا اکثر حصہ دادی مرحومہ اور چچا سید مظفر احمد ضیا کے سایہ شفقت و عاطفت میں گذرا اور زندگی میں مجھے

جو کچھ بھی ملا ہے سب ان شخصیات کی دعاؤں کا طفیل ہے۔ تعلیم کا آغاز پانچ سال کی عمر سے ہی ہوگیا تھا۔ خوش قسمتی سے ابتدائی تعلیم میں اردو و فارسی پڑھنے کا موقعہ ملا جس کی روشنی میں شعر و ادب کی راہوں پر چلنا ممکن ہو سکا۔ ہائی اسکول کے بعد علیگڑھ مسلم یونیورسٹی میں تعلیم پائی اور اس منفرد و مایہ ناز گہوارہ علم و دانش سے ایم۔بی۔بی۔ایس اور ایم۔ڈی کی ڈگری حاصل کی۔ اس تربیت گاہ کے گیارہ سال کے قیام میں وہاں کی تہذیبی اقدار اور علمی و ادبی فضا سے بہت کچھ استفادہ کیا۔ دورانِ قیام علیگڈھ جن احباب نے میری ادبی و شعری صلاحیتوں کو حوصلہ بخشا، ان میں یاسین مظہر صدیقی پروفیسر شعبۂ اسلامیات، ڈاکٹر صدق حسین شعبۂ فلاسفی، ڈاکٹر وجیع الحسن مرحوم اور ڈاکٹر شکیل احمد قابلِ ذکر ہیں۔ بعد ازاں ملازمت کے سلسلے میں ۱۹۷۷ء سے ۱۹۸۵ء تک ایران میں رہنے کا موقعہ ملا اور وہاں جدید فارسی زبان و ادب سے متعارف ہوا۔ اسی دوران آسٹریا (دیانا) سے امریکن میڈیکل سوسائٹی کی ممبر شپ حاصل کی اور اب ۱۹۸۵ء سے دہلی میں مقیم ہوں۔

میری شادی دہرہ دون کے ایک ممتاز اور دین دار گھرانے میں ۱۹۸۰ء میں ہوئی۔ یوں تو خداوند کریم کی بے شمار عنایات و اکرام مجھ حقیر و عاصی کو نصیب ہوئی ہیں مگر ان میں سب سے سوا میری شریک حیات ہیں۔ میرے برادر نسبتی سیّد فرید احمد اور ڈاکٹر ایس فاروق کی محبتیں اور خلوص بھی ہمیشہ میرے ساتھ شاملِ حال ہیں۔

یہ سوال اکثر احباب مجھ سے کیا کرتے ہیں کہ وہ کیا محرکات تھے جن کے باعث میں شاعر بن گیا۔ میرے خیال میں شاعری کے جراثیم

مجھے ورثہ میں ملے۔ کیونکہ میرے نانا محترم سیّد مشتاق حسین مضطر گلاؤٹھوی مرحوم ایک مقبول اور خوش گو شاعر تھے۔ علامہ ناطق گلاؤٹھوی مرحوم میرے دادا کے حقیقی خالہ زاد بھائی تھے اور میرے مشفق و مہربان عمِ حقیقی سیّد مظفر احمد ضیا صاحب بھی ایک معتبر شاعر اور ادیب ہیں۔ اس کے بعد میں سمجھتا ہوں کہ علیگڑھ مسلم یونیورسٹی کے ماحول نے ان جراثیم کی نشوونما کے لئے مناسب اور سازگار ماحول اور فضا مہیا کی، وہاں پر بیت بازی اور شعر و ادب کی محفلوں میں شرکت نے شعر گوئی کی طرف راغب کیا۔

میری شاعری کے سفر کا آغاز یوں تو ۱۹۷۲ء میں ہو گیا تھا۔ مگر اس کو صحیح نہج ۱۹۸۵ء میں ملی جب میں ایران سے واپس آکر دہلی میں رہائش پذیر ہوا۔ یہاں خوش قسمتی سے معروف و ممتاز شاعر اور نقاد پروفیسر عنوان چشتی سے میرا رشتۂ تلمذ قائم ہوا۔ اور ان کی رہنمائی اور شفقتوں کے زیر سایہ میری شعری تربیت ہوئی۔

یہ کہنا مبالغہ نہ ہوگا کہ دہلی میں اُردو کی جتنی ناز برداری کیجاتی ہے شاید ہی ہندوستان کے کسی اور شہر میں کیجاتی ہو۔ یہاں روزانہ ہی کوئی نہ کوئی اہم ادبی اور شعری جلسہ منعقد ہوتا رہتا ہے اس کے علاوہ اُردو نواز اور خادمانِ اردو حضرات کی رہائش گاہوں پر جو شعری نشستیں ہوتی ہیں ان کی تعداد بھی خاصی ہے۔ دہلی کے دورانِ قیام میں نے بھی ان محفلوں اور جلسوں سے مستفیض ہونے کی حتی الامکان کوشش کی ہے اور کبھی کبھی ایسی محفلوں کی میزبانی کا شرف مجھے بھی حاصل ہوا ہے۔ ان نشستوں میں میری ملاقاتیں اُردو دُنیا کے بہت سے چنیدہ اشخاص سے

ہوئیں اور ان کی صحبت سے استفادہ کرنے کا موقع ملا۔ دہلی کے قیام میں کچھ پیارے اور بے تکلّف دوست بھی ملے جنھوں نے میرے ہر اچھے بڑے شعر پر داد دے کر میری مسلسل حوصلہ افزائی کی۔ ان دوستوں میں انجم عثمانی صاحب، محبوب الرحمٰن فاروقی صاحب شہپر رسول صاحب، عطا عابدی سیّد زاہد حسن جناب اکرام الحق صاحب اور عزیزی ماجد دیوبندی سرِ فہرست ہیں۔

اپنی شاعری کے بارے میں بس اتنا کہوں گا کہ میں کسی خوش فہمی میں مبتلا نہیں ہوں، مجھے اپنی کم مائیگی اور کم علمی کا اعتراف ہے۔ شاعری میرا شوق ہے اور میرا یہ مجموعہ کوئی ادبی دستاویز ہے نہ اُردو ادب میں کوئی قابلِ ذکر اضافہ۔

میں دلی شکریہ ادا کرنا چاہتا ہوں جناب ماجد دیوبندی کا جنہوں نے اس مجموعہ کی ترتیب سے طباعت تک کے سبھی مراحل میں میری ہر ممکن مدد کی اور تمام ذمہ داریاں اپنے اوپر لے لیں۔ ماجد صاحب سَراپا خلوص ہیں انکا شمار میں اُن لوگوں میں کرتا ہوں جو اس خود غرض دور میں دوستی کا اعتبار ہیں۔

آخر میں صمیمانہ جذباتِ تشکرّ پیش کر رہا ہوں جناب مُظفر حنفی جناب راغب مرادآبادی جناب شمیم حنفی اور جناب مظفر احمد ضیا صاحب کی خدمت میں جنہوں نے اپنی گوناگوں مصروفیات کے باوجود میرے اس شعری مجموعہ کو اپنی بیش قیمت آرا سے نوازا۔

احقر

سجّاد سیّد

سجّاد سیّد
ایک بے ساختہ غزل گو

راغبؔ مُرادآبادی (پاکستان)

لیلائے غزل کی دلکشی، جاں نوازی، جلوہ طرازی اور مقبولیت کی گرفت فارسی اور اُردو زبان کے شعراء کے ذہن و فکر پر آج سے نہیں صدیوں سے نہایت مضبوط ہے۔ لہٰذا ایسا شاعر بہ مشکل ہی ملے گا۔ جو یہ دعویٰ کر سکے کہ میری شاعری کی ابتدا غزل سے نہیں ہوئی۔ اپنی پیشہ ورانہ مصروفیت کے باوجود ڈاکٹر سجّاد سیّد نے جو شاعری تخلیق کی ہے وہ میرے خیال میں اہلِ فکر و فن کی توجہ ضرور چاہتی ہے انہوں نے روایتی شاعری سے ہٹ کر اپنا راستہ خود نکالا ہے۔ سجّاد حسین جن کا قلمی نام سجّاد سیّد ہے ڈاکٹر ہیں اور جنہوں نے ایم۔بی۔ایس کی ڈگری علیگڈھ مسلم یونیورسٹی سے حاصل کی ہے۔

ذوقِ شعر و سخن انہیں ورثے میں ملا ہے۔ اُن کے نانا جناب مضطرؔ گلاؤٹھوی کا شمار اساتذۂ فن میں ہوتا تھا۔ اُن کے عزیز و ہم وطن جناب عبدالباری آسی (رثم لکھنوی) کا نام اور علمی اور ادبی کام سے کون واقف نہ ہوگا۔ دیوانِ غالب کے ممتاز شارحین میں اُن کا شمار ہوتا ہے

ڈاکٹر سجّاد سیّد کے چچا کراچی میں کلکٹر کسٹم رہ چکے ہیں حسنِ اخلاق اور شرافت و محبت کا پیکر اور ملک کے ممتاز شاعر و ادیب ہیں جن کی متعدد کتابیں شائع ہو کر اہلِ علم و دانش سے خراجِ تحسین وصول کر چکی ہیں۔ لہٰذا ڈاکٹر ہونے کے باوجود ایسے نوجوان صالح کا شاعری سے اجتناب و گریز ممکن ہی نہیں تھا۔ محض قافیہ پیمائی سے غزل کا حلیہ بگڑ جاتا ہے۔ غزل کیلئے ایک مخصوص مزاج اور ایک مخصوص طرزِ فکر ناگزیر ہے۔ ڈاکٹر سجّاد سیّد کی نظر غزل کہتے وقت زبان، بیان اور فن کے نکات پر رہتی ہے ان کی شاعری محض روایتی گل و بلبل کی شاعری سے قدرے مختلف ہے جس معاشرے میں انہوں نے ہوش سنبھالا ہے اور ذہنی و دماغی بالیدگی حاصل کی ہے اس ماحول کا انہوں نے بہت عمیق مشاہدہ کیا ہے۔ ہر اس بات کو انہوں نے بدرجہ اتم محسوس کیا ہے جس سے معاشرے کے کسی بھی انسان کو اذیت پہنچ سکتی ہے اور پھر یہ کہ ایسے مشاہدوں اور تجربات سے گریز کرنے کے بعد ایک ذی ہوش اور اعلیٰ پایہ کے فنکار کی کیا ذمہ داری ہو سکتی ہے اس پر ڈاکٹر سجّاد سیّد کو مکمل عبور حاصل ہے۔ سچ تو یہ ہے کہ وہ شاعر ہی کیا جو اپنے اطراف میں ظلم و ناانصافی کا بازار گرم دیکھے اور خاموش رہے۔ ڈاکٹر سجّاد سیّد کی پوری شاعری اسی صورتِ حال کے خلاف صدائے احتجاج ہے ہاں یہ بات ضرور ہے کہ انہوں نے تیر و نشتر ہی تک اپنی شاعری محدود نہیں رکھی ہے۔ ان کی شاعری میں گلہائے رنگ رنگ کا ایک ایسا حسین امتزاج ہے

کہ جس میں جہاں ماحول کی ناہمواریاں شاعر کے پیش نظر ہیں وہاں پر انفرادی جذبات اور معاملاتِ قلب ونظر پوری آب وتاب کے ساتھ جلوہ آرا ہیں۔ اس طرح ڈاکٹر سجاد سیّد نے اپنی شاعری کو مضبوط بنیادوں پر استوار کیا ہے اور یہ بات پورے وثوق سے کہی جا سکتی ہے کہ اس ابھرتے ہوئے نوجوان شاعر میں وہ جوہر موجود ہے جو ہر بڑے شاعر کے اندر موجود ہونا ضروری ہے۔ ڈاکٹر سجاد سیّد کی غزل کے عناصر مخصوص طرزِ فکر، الفاظ کا صحیح انتخاب اور برمحل استعمال، سادگی، سلاست، روانی سے بھرپور ہیں۔ اُن کی غزل روایتی نہیں ہے۔ جس جادے پر وہ گامزن ہیں اسے پامال نہیں کہا جا سکتا۔ غور وفکر کے بعد یہ حقیقت سامنے آتی ہے کہ اپنی شاعری میں انہوں نے اپنی تمام توانائیاں اور صلاحیتیں صرف کر دی ہیں۔

المختصر ڈاکٹر سجاد سیّد کی شاعری کی ایک مجموعی فضا ہے جس میں پہنچ کر ہی ایک صاحبِ ذوق قاری صحیح کیف ونشاطِ روح حاصل کر سکتا ہے۔ مجھے قوی امید ہے کہ ڈاکٹر سجاد سیّد کا یہ اوّلین مجموعہ کلام ہندوستان اور پاکستان اور اُردو دنیا میں بطور خاص پسندیدگی کی نظر سے دیکھا جائے گا۔

راغب مراد آبادی
پاکستان

صاف ستھری زبان کا شاعر

" ضرورت سے زیادہ سیدھا سادہ آدمی شعر کہتا ہی نہیں ہے زیادہ عالم ہو جائے تو عبدالعزیز خالدؔ جیسے ثقیل شعر نکالتا ہے اور زیادہ کھل جائے تو عادلؔ منصوری کی طرح پھکڑپن اختیار کرتا ہے۔ مقام شکر ہے کہ سجادؔ سید شریف النفس ہیں لیکن شگفتہ مزاج بھی ہیں پڑھے لکھے ہیں لیکن بوقت شعر گوئی پاسبانِ عقل کو دل کا گھیراؤ نہیں کرنے دیتے اور کھلے ڈلے آدمی ہو کر بھی غزل میں کھُل نہیں کھیلتے۔ نتیجے میں جو بھی غزل ان کے وسیلے سے ہم تک پہنچتی ہے اس میں دو ایک بیتیں ضرور ایسی ہوتی ہیں جنہیں دوبارہ پڑھنے کی خواہش ہوتی ہے۔

وہ جس حال میں ہیں وہاں کھلی آنکھوں سے کائنات کو دُور دور تک دیکھا جا سکتا ہے جس ماحول میں ہیں اس میں اُردو زبان ہی نہیں اُردو تہذیب سے بھی شب و روز واسطہ رہتا ہے چنانچہ فنی رموز اور قدرتِ بیان سے اُن کی خاصی آشنائی ہے۔ دلِ دردمند انہیں ذات کی پنہائی سے بے تعلق نہیں ہونے دیتا لہٰذا ان ایک دو نہیں متعدد آنچوں میں تپ کر اُن کا شعر پاک و شفاف نکلتا ہے اور بعض اوقات کندن بھی بن جاتا ہے کہ اس میں ذات و کائنات کی جھلکیاں نہایت صاف ستھری زبان مصور کیجاتی ہیں۔

پروفیسر مظفر حنفی

۱۵

ادب برائے زندگی
کا
نمائندہ شاعر

(سید مظفر احمد ضیار (پاکستان)

کہتے ہیں کہ فنکارانہ صلاحیتیں موروثی بھی ہوتی ہیں، تاریخ فنونِ لطیفہ شاہد ہے کہ یہ کلّیہ قابلِ فہم ہے میرے بھتیجے سجّاد نے اپنی میٹرک کی تعلیم تک ہمیں کبھی یہ نہ محسوس ہونے دیا کہ ان میں موزونیتِ طبع یا ذوقِ شعری جیسی صلاحیتیں شروع ہی سے موجود تھیں۔ تاہم میرا رابطہ ان کے ساتھ علی گڈھ یونیورسٹی میں فرسٹ ائر کے داخلے سے لے کر ایم. بی. بی. ایس پاس کرنے تک صرف خط و کتابت تک محدود رہا۔ بلکہ اس کے بعد تک بھی کافی عرصہ مجھے اس بات کا علم نہ ہو سکا کہ آنجناب مشقِ سخن کا آغاز کر چکے ہیں۔ پھر اچانک انکشاف ہوا کہ وہ باقاعدہ مشاعروں میں غزل خوانی کے جوہر دکھا رہے ہیں۔ یہ بات میرے لئے حیرت انگیز فی نفسہٖ نہیں تھی۔ کیوں کہ ان کے نانا مرحوم جناب مضطر گلاؤٹھوی ایک بلند پایہ شاعر تھے۔ اور ہمارے بالواسطہ قریبی بزرگ اعزا میں معروف مگر ادبی شخصیتیں مثلاً جناب ناطق گلاؤٹھوی۔ جناب عبدالباری آسی الدنی ثم لکھنوی

اور جناب حامد اللہ افسر (مرحوم) میرٹھی اردو ادب میں اپنا منفرد مقام پیدا کر چکے تھے، خود مجھ میں بھی شعر گوئی کی تھوڑی بہت صلاحیت موجود ہے لہٰذا سجّاد میاں میں جراثیم ادب کی موجودگی قابلِ فہم ہے وہ زمانۂ طالب علمی میں سائنس کے طالب علم رہے ہے۔ اس لئے پورے وثوق سے کہا جاسکتا ہے کہ رواجی تعلیم میں اُن کو ادبی مضامین پڑھنے کا موقع نہیں ملا۔ چنانچہ اکتسابی طور پر سجّاد میاں کو وہ مواقع نہ ملے جو ادب کے ایک باقاعدہ طالب علم کو حاصل ہوتے ہیں۔ اس کا مطلب یہ نہیں ہے کہ اُن کی تربیت اور تہذیب کسی غیر ادبی ماحول میں ہوئی ہے انہوں نے خود کو محض اپنے نصابی مضامین کی کتابوں کا کیڑا بنانے کے بجائے اپنا مطالعہ وسیع تر میدان میں رکھا۔ اور اس طرح خود بخود اُن کے اندر سویا ہوا ایک شاعر بیدار ہوُا، نتیجتاً وہ اپنا مجموعہ کلام جو کہ بیشتر غزلیات پر مشتمل ہے لے کر شاعروں کی صف میں شامل ہورہے ہیں۔ ان کا یہ پہلا مجموعۂ کلام آپ محسوس کریں گے کہ محض مصنف مشہور ہونے یا شاعر کہلانے کے کسی بچکانہ شوق کا نتیجہ نہیں ہے۔ بلکہ ان کی بیشتر غزلیں قارئین سے خراجِ تحسین حاصل کرسکیں گی۔ ہیئت کے اعتبار سے ان کی غزلیں مکمل شاعری کے معیار پر پوری اُترتی ہیں جو انہوں نے مختلف بحور میں غزلیں لکھی ہیں؛ مختلف النوع ردیف وقوافی استعمال کیئے ہیں اور وہ اپنی اس کاوش میں پُر اعتماد ہیں اور کامیاب بھی پھر ان کو مسلسل غزلے لکھنے میں تو بھرپور کمال حاصل ہے جو ہر شاعر کے بس کی بات نہیں ہے۔ متن اور نفسِ مضمون کے اعتبار سے بھی سجّاد سید ایک بیدار مغز فنکار حساس انسان اور ایک چابکدست شاعر کی حیثیت سے سامنے آئے

۱۷

لبِ خاموش سے اظہارِ تمنا چاہیں
جذبۂ شوق کا وہ ایسا تماشا چاہیں

وہ جو رہتے ہیں ہر اک بزم کی رونق بن کر
یوں بھی دیکھا ہے کہ تنہائی میں رہنا چاہیں

بزمِ یاراں میں رہا کرتے ہیں تنہا سیّد
بزمِ خوباں میں بھی چہرا کوئی تجھ سا چاہیں

لبِ اظہار پر ہو مُہر سی کیوں
رہے خاموش میری آگہی کیوں

☆

ہو نگاہِ کرم کہ چشمِ ستم
کر عطا ہم کو مہرباں کچھ تو

☆

اپنی محترمہ دادی اماں کی رُحلت پر سجاد سید نے جو اشعار کہے ہیں وہ ان کے دلی جذبات کے آئینہ دار ہیں۔
آخر میں میری دعا ہے کہ ڈاکٹر سجاد سید جو کہ پیدائشی اور فطری شاعر ہیں اللہ ان کے خوبصورت اور انسان دوست کلام کو جو کہ ادب برائے زندگی کے تقاضوں کا آئینہ دار ہے اور بھی جلا بخشے۔ احقر العباد

دعاگو، سیّد مظفر احمد ضیاؔ،

۱۸

اِنسانی حیثیت کی پہچان کا شاعر

ابھی کل کی بات معلوم ہوتی ہے جب شاعری ہماری عام معاشرتی زندگی کا ایک اٹوٹ حصّہ سمجھی جاتی تھی۔ ہر بستی کے اپنے شاعر بھی ہوتے تھے اور مشاعرے، نشستیں، شعر خوانی کی محفلیں اور مجلسیں ہمارے معمولات میں شامل تھے۔ ایسا نہیں کہ یہ رنگ ایک دم ہی رخصت ہو چکا ہو، البتہ اب یہ رونقیں بس ایک اجڑتی ہوئی بہار محسوس ہوتی ہیں۔ ایسے چہرے کم کم ہی نظر آتے ہیں جو اردو کی عام ثقافت اور روایت کے امانت دار کہے جا سکیں۔ اسی لئے، سجاد سیّد صاحب سے جب بھی ملاقات ہوئی ایک خوش گوار حیرت اور طمانیت کا احساس ہوا۔ پیشے سے وہ ڈاکٹر ہیں مگر اسی کے ساتھ ساتھ وہ عام انسانی احساسات اور تجربوں کے نبض شناس بھی ہیں۔ شعر صرف کہتے ہی نہیں۔ ایک ایسی تہذیبی اور جمالیاتی زندگی کے ترجمان بھی ہیں جو گیئے زمانوں میں شعر گویوں سے منسوب کیجاتی تھی۔

ایسا شخص جسکی پرداخت اُردو کلچر کے روایتی ماحول میں ہوئی ہو، اس کے ذہن اور نظر میں روایتی عناصر کا عمل دخل فطری ہے اس لحاظ سے سجاد صاحب بھی روایتی مزاج رکھتے ہیں اور اُن کے سبھاؤ میں وہی نرم آثاری، رکھ رکھاؤ اور شائستگی دکھائی دیتی ہے جس سے روایت کا شعور رکھنے والے پہچانے جاتے ہیں۔ شاعری میں بھی وہ روایتی رویّوں سے یکسر

بد کتے نہیں۔ اور حتی الامکان روایت سے ماخوذ محاسن سے اپنے کلام کو آراستہ کرنا چاہتے ہیں۔ محتاط بیانی، خوش فکری، ایک واضح اخلاقی رویّہ زندگی کے روزمرہ معاملات کی طرف، عشقیہ وارادات کے بیان میں ایک برجستہ متانت اور حیاداری، یہ باتیں ان کے شعر میں صاف پہچانی جاتی ہیں۔

اسی کے ساتھ ساتھ، ایک اچھی بات یہ ہے کہ سجّاد سیّد صاحب اپنے عہد کے میلانات سے بھی باخبر ہیں۔ جس فضا میں سانس لے رہے ہیں اُس کے آشوب کا بھی احساس رکھتے ہیں۔ ایک حزنیہ کیفیت کئی شعروں میں ان کے یہاں جھلکتی ہے۔ یہ کیفیت جہاں گہری ہو گئی ہے، موعظت کا انداز پیدا ہو گیا ہے مگر توازن کی حد جہاں جہاں قائم ہے، وہاں وہ ایک سلیقہ مند سماجی مبصر بن گئے ہیں۔ شعر کا آہنگ بھی محفوظ رہا ہے۔ یہ آہنگ اپنے دھیمے پن اور غنائیت کی وجہ سے اپنی طرف متوجہ کرلیتا ہے اور یہ کچھ کم اہم بات نہیں ہے۔

سجّاد صاحب کی طبیعت میں شاعری اسی طرح رچ بس گئی ہے جیسے ہوا میں خوشبو کی لہر۔ کوئی بھی فنّی مشغلہ جب ایک فطری عمل کا حصّہ بن جائے تو اسکی حیثیت شخصیت کے شناس نامے کی ہو جاتی ہے۔ اس سطح پر دیکھا جائے تو سجّاد صاحب کی شاعری کو ان کی عام انسانی حیثیت کی پہچان کا نام بھی دیا جا سکتا ہے۔

(پروفیسر) شمیم حنفی

دُعا

عقل کو جرأت کی نعمت دے خدا
قلب کو چشمِ بصیرت دے خدا

علم و فن کی دولتِ نایاب دے
فہم کو درکِ حقیقت دے خدا

میرے سر کو سجدۂ مقبول دے
آنکھ کو اشکِ ندامت دے خدا

۲۲

کاش سر کے ساتھ ہی جھک جائے دل
مجھ کو وہ طرزِ عبادت دے خدا

بے عمل ہوں، عاصی و گمراہ ہوں
مجھ کو توفیقِ اطاعت دے خدا

خواہشوں کے دام سے محفوظ رکھ
مجھ کو تو صبر و قناعت دے خدا

ظلم و استبداد سے ٹکرا سکیں
دست و بازو کو وہ طاقت دے خدا

جانبِ طیبہ بہ چشمِ نم چلیں
وہ شرف اور وہ سعادت دے خدا

ہو پشیماں حشر میں سجّاد جب
اُس کو آقا کی شفاعت دے خدا

نعت

حرف و بیاں کا سارا ورثہ اُن کے نام
نورِ مبیں کا پاک صحیفہ اُن کے نام

چاند، ستارے، ارض و سما، سب انکے طفیل
کون و مکان کا ذرّہ ذرّہ اُن کے نام

دِل کی دھڑکن سانس کا سرگرم اُن پہ نثار
خونِ رَواں کا قطرہ قطرہ اُن کے نام

۲۴

بکہتِ گلشن، رنگِ گلستاں، نورِ جہاں
رنگ و بو کا غنچہ غنچہ اُن کے نام

جسم کی گاگر جان کا ساگر اُن کے لئے
آنکھ کا موتی دل کا نگینہ اُن کے نام

نورِ مجسم رحمتِ عالم اُن کی ذات
ختمِ رُسل اور شاہِ مدینہ اُن کے نام

سیّد عاصی نے اشکوں سے نعت لکھی
بھیگے کاغذ کا یہ پُرزہ ان کے نام

۲۵

گماں کو وسوسوں کو رد کیا ہے
یقیں کو بے کراں بے حد کیا ہے

ہدایت دے مجھے اے میرے مولا
رضا کو اب تیری مقصد کیا ہے

نشانِ راہ کل ڈھونڈیں گے میرا
جنھوں نے آج مجھ کو رد کیا ہے

۲۶

حصارِ بے حسی میں سر چھپا کے
غموں کو خارجِ سرحد کیا ہے

شکایت کیا کریں اُس کے ستم کی
کہ اُس نے پیار بھی بے حد کیا ہے

وہی جو کل تلک نامعتبر تھے
اُن ہی کو صاحبِ مسند کیا ہے

کچھ اچھے شعر کہہ کر داد لی ہے
گنہ یہ کام بھی سیّد کیا ہے

۲۷

○

طرزِ حمد و ثنا نہیں آئی
بندگی کی ادا نہیں آئی

کیسے آتیں گھٹائیں رحمت کی
مانگنی جب دُعا نہیں آئی

ہم پہ گذری شبِ قیامت بھی
صبحِ روزِ جزا نہیں آئی

۲۸

تھا خطاؤں پہ اتنا شرمندہ
لب پہ کوئی دعا نہیں آئی

غنچے مغموم پھول چُپ چُپ ہیں
کیوں ابھی تک صبا نہیں آئی

●

۲۹

○

زینتِ دار رہے ہیں ہم بھی
سچ کا معیار رہے ہیں ہم بھی

ہم کو اس درجہ حقارت سے نہ دیکھ
تیرے سردار رہے ہیں ہم بھی

خار و خس میں کھِلے گُل کی صورت
رشکِ گلزار رہے ہیں ہم بھی

۳۰

زرد موسم میں گھرے ہیں ورنہ
شاخِ گلبار رہے ہیں ہم بھی

ہے کوئی بات کہ چُپ ہیں سیّد
حرفِ اظہار رہے ہیں ہم بھی

۳۱

مَت سمجھ لینا ہمیں بزدل میاں
دشمنوں میں یار تھے شامل میاں

ہم تو ہیں پَروردۂ موجِ بلا !
کیا سفینہ اور کیا ساحل میاں

دارِ حسرت پر ہمیں لٹکائیے
خود ہیں ارمانوں کے ہم قاتل میاں

۳۲

ہم غبارِ راہ سے نکلے ہی تھے
آن پہنچی سامنے منزل میاں

دشت زارِ عشق کے ہم بادشاہ
کوچۂ اُلفت کے ہم سائل میاں

۳۴

آئینے سے خون اُمڈا جائے ہے
پتھروں کا دِل لرزتا جائے ہے

زیست کی چکّی کا یہ سنگِ گراں
آرزو کا دِل کُچلتا جائے ہے

کیا یہ دیوانوں کی بستی ہے یہاں
ہر جبیں سے خون رِستا جائے ہے

۳۴

خونِ ناحق رنگ لائے گا میاں
ایک دیوانہ یہ بکتا جائے ہے

ذہن میں ہے چند یادوں کی چتا
اور دھواں سا دِل سے اٹھتا جائے ہے

نیم شب فاقہ زدہ جیسے چراغ
دِل مرا کچھ ایسے بجھتا جائے ہے

مُسکرائیں ہم تو یہ صہبائے غم
آنکھ کے ساغر کو چھلکا جائے ہے

سُنتے ہیں سجّاد کا طرزِ بیاں
واعِظ و ساقی کو بہکا جائے ہے

۳۵

○

اب حسن کہیں زینتِ بازار نہ ٹھہرے
اور بوالہوسی عشق کا معیار نہ ٹھہرے

وہ اہلِ وفا تھے جو بنے دار کی زینت
اک اہلِ جفا ہیں جو جفا کار نہ ٹھہرے

جو اپنی وفاؤں کا صلہ مانگ رہا ہے
وہ عرضِ تمنّا کا گنہگار نہ ٹھہرے

۳۶

دو ہم کو دُعا یہ کہ رہِ شوق میں ہرگز
اس سر پہ کبھی سایۂ دیوار نہ ٹھہرے

ہم اہلِ وفا اب بھی وفا کیش ہیں سیّدؔ
ہاں راہِ وفا زیست کا آزار نہ ٹھہرے

○

صحنِ گلشن میں چلی بادِ صبا آہستہ
لبِ ہر غنچہ بصد ناز کھُلا آہستہ

زیست کے آبِ رواں پر کہیں اک شوخ حباب
زور سے اٹھا مگر پھُوٹ گیا آہستہ

جب کبھی آیا ہے اس شخص کے پیماں کا خیال
چشمِ مایوس سے اک اشک گرا آہستہ

۳۸

رہگذر، سائے شجر، گردِ سفر کچھ بھی نہیں
ہم پہ کچھ دیر میں یہ راز کھلا آہستہ

شب کی دیوار پہ اک بھُولی ہوئی یاد کا نقش
آپ ہی آپ بنا اور مٹا آہستہ

کربِ تنہائی سے رنجور کوئی ماہ جبیں
چاندنی رات میں ہے نغمہ سرا آہستہ

تم کہاں اور کہاں فیض سا اندازِ کلام
میرے اشعار نے مجھ سے یہ کہا آہستہ

۳۹

عنایات کا حق ہوا کب ادا
اٹھائیں بھی کیوں کر یہ دستِ دُعا

مرے ظرفِ داماں سے بھی کچھ سوا
یہ جو کچھ بھی ہے سب ہے اُسکی عطا

اَناؤں کے ٹکراؤ سے سب ہوا
نہ تم بے وفا تھے نہ ہم بے وَفا

۴۰

محبت کے رشتہ کو جاں دے گیا
فنا ہو کے خود ایک برگِ حنا

پیامِ محبت ہے خوشبو مری
کلی نے چٹک کر صبا سے کہا

تصور کا موسم بھی ویران ہے
نہیں شاخِ دل پر بھی غنچہ نیا

الجھتے ہیں اکثر یقین و گماں
جزا و سزا کا ہے کیا ماجرا

نہ جانے ابھی اپنے سجّاد کو
ہے تھوڑا سا کھوٹا بہت سا کھرا

○

ہوں صنم کا نہ ہی خدا کا ہوں
میں تو بندہ فقط انا کا ہوں

کیا عبادت میں کیا سخاوت میں
ایک پیکر فقط ریا کا ہوں

مثلِ غنچہ خموش ہوں یارو
منتظر کب سے میں صبا کا ہوں

۴۲

آسمانوں کو چھو کے آؤں گا
ایک کلمہ لبِ دعا کا ہوں

کھولو احساس کے دریچے کو
تازہ جھونکا نئی ہوا کا ہوں

اپنی قسمت پہ ناز ہے مجھ کو
اُمتی میں بھی مُصطفےٰؐ کا ہوں

۴۳

ہر قدم منزلِ بے نشاں کی طرف
یعنی اک لمحۂ امتحاں کی طرف

گِل نہیں میں اتارو مجھے چاک سے
میں چلا کوئے شیشہ گراں کی طرف

ہم کو احساسِ غربت ہوا کچھ سوا
جب اٹھائی نظر آسماں کی طرف

۴۴

اپنی بے چارگی بے بسی کی خبر
ہم نے بھیجی تو ہے لامکاں کی طرف

بارِ ہستی اُٹھائے کوئی اور اب
ہم چلے قریۂ جاوداں کی طرف

ٹوٹنا یہ ستاروں کا سیّد میاں
ہے اشارہ مری داستاں کی طرف

●

۴۵

ذکرِ لب و رخسار بھی اچھا نہیں لگتا
اَب ہم کو غمِ یار بھی اچھا نہیں لگتا

ہو دل میں طلب اور بہت دور ہو منزل
تب سایۂ دیوار بھی اچھا نہیں لگتا

اوڑھی ہیں درختوں نے بھی زرد ردائیں
پت جھڑ میں تو گلزار بھی اچھا نہیں لگتا

۴۶

جو چھین کے لے جائے غمِ یار ہی ہم سے
وہ مونس و غمخوار بھی اچھا نہیں لگتا

اک جان بچانے کے لئے جان گنوانا
اس درجہ کا ایثار بھی اچھا نہیں لگتا

حق نازو ادا پر ہے بجا آپ کا لیکن
ہر بات سے انکار بھی اچھا نہیں لگتا

○

ایسی ہوتی ہیں بعض تقدیریں
بہتے پانی پہ جیسے تحریریں

ریت کے اک گھروندے جیسی ہیں
آدمی کی جہاں میں تدبیریں

ہم نے تو صرف خواب دیکھے تھے
بس میں اپنے کہاں تھیں تعبیریں

۴۸

قصرِ زر میں سجی ہوئیں دیکھیں
مفلسوں ، بے گھروں کی تصویریں

میری قسمت میں ظلمتیں ساری
اُس کی مُٹھی میں ساری تنویریں

جی میں آتا ہے توڑ ہی ڈالوں
ساری ہوش و خرد کی زنجیریں

یاد کے تار تار کینوس پر
اب بھی باقی ہیں چند تصویریں

بات سجّاد صاف کہتا ہے
آپ جو چاہیں کر لیں تفسیریں

بساطِ زیست تو اک سانحوں کا لشکر ہے
جو آئینہ ہے یہاں پتھروں کی زد پر ہے

بجا ہے تبصرہ احوالِ خارجی پہ ، مگر!
ہمارے چین کا دشمن ہمارے اندر ہے

محبّتوں میں حلاوت کہاں سے پیدا ہو
کہ مجھ کو دل پہ بھروسہ نہیں خرد پر ہے

۵۰

سنا ہے وادیِ امکاں میں آرزو ہے گناہ
ہر ایک دستِ تمنّا میں کاسۂ سر ہے

مجھے یقیں ہے کہ اب جیت میری ہی ہو گی
میرا حریف مرے دوستوں کی شہ پر ہے

کہیں جو شعر تو کیسے کہیں، سُنائیں کیسے
کہ اہلِ دل ہی یہاں ہیں نہ کوئی دلبر ہے

تغیّراتِ زمانہ کا ہے طفیل یہ سب
جو سرنگوں تھا ہمیشہ، وہ آج خودسر ہے

یہ کل کی بات ہے ہم سے بلا تھا جو سیّد
وہ اجنبی ہمیں اب جان سے بھی بڑھ کر ہے

۵۱

رُخ پہ حیا کا رنگ شہابی نقاب سا
اظہار کے لبوں پہ لرزتا حجاب سا

چہرا کہ جیسے ایک صحیفہ ہو نور کا
لہجہ نئی غزل کی نویلی کتاب سا

صدیوں کی فرقتوں میں مجھے قید کر گیا
وہ لمحۂ وِصال کہ تھا جو سراب سا

۵۲

میں تھا حصارِ ذات کی خاموشیوں میں گم
چھیڑا ہے آج کس نے یہ دل کا رَباب سا

صَدیوں کی اک طویل رفاقت کے باوجود
ہیں وہ ہی فاصلے سے وہی اجتناب سا

وہ پچھلے انقلاب ہی کیا دے گئے ہمیں
اِک لاؤ انقلاب جو ہو انقلاب سا

سجّاد اپنے ہوش وخِرد کو بچائیو
ساقی بنا ہوا ہے جو خود ہے شراب سا

۵۳

○

آرزوؤں کا حسیں پیکر تراش
اک سرابِ صبح کا منظر تراش

اک گھروندا ریگِ ساحل سے بنا
برف کے پتّھر سے اک دلبر تراش

دیدۂِ نمناک سے دریا بہا
آہِ شعلہ بار سے محشر تراش

۵۴

اِس حصارِ ذات سے باہر نکل
گنبدِ بے در میں تُو اک در تراش

بحرِ عشرت میں صدف ملتا نہیں
قطرۂ خوں ناب سے گوہر تراش

رہ نما کی کجروی کا غم نہ کر
خود غبارِ راہ سے رہبر تراش

تیغِ زنگ آلود کو پھر آب دے
جبرِ استبداد کے پھر سر تراش

طائرِ خواہش کی ہے لمبی اڑان
اس کے بال و پر کو تو اکثر تراش

دست انا میں سنگ ہے بابا
فرزانوں کی جنگ ہے بابا

سوچ کا دَرپن زنگ آلودہ
مَن کا منتظر تنگ ہے بابا

حسرت، خاک ہے پروانے کی
ارماں، ایک پتنگ ہے بابا

۵۶

ہر چہرا دشمن لگتا ہے
آئینوں میں زنگ ہے بابا

جو گلشن یک رنگِ سَراسر
وہ گلشن بے رنگ ہے بابا

سیّد کو شاعر کہتے ہیں
وہ تو ایک ملنگ ہے بابا

●

○

خموشی ہے سراسیمہ فضا ہے
لبِ اظہار پر قحطِ صدا ہے

حصارِ غم میں میں تنہا نہیں ہوں
بہت پھیلا ہوا یہ دائرا ہے

خیالوں میں تو دَر رہتا تھا اکثر
اِدھر خوابوں میں بھی آنے لگا ہے

۵۸

شبِ فرقت میں میں تنہا کہاں ہوں
حسیں یادوں کا اک میلہ لگا ہے

ابھی دل میں نہ آئے زرد موسم
ابھی اس شاخ پر پتہ ہرا ہے

گماں یہ تھا کہ بس دو چار ہونگیں
یہاں تو خواہشوں کا سلسلہ ہے

شکستہ دل سے کیوں رہتے ہو سیّدؔ
کسی اپنے نے کیا دھوکا دیا ہے

۵۹

○

جب طائرِ خیال کو شہپر نہیں ملا
میرے تصوّرات کو پیکر نہیں ملا

سر جھکتے اُسکے سامنے شاہانِ وقت کے
پتھر کو یہ گلہ ہے کہ آذر نہیں ملا

وہ بھی اُچھالتا مرے سر کی طرف ضرور
شاید اسے ابھی کوئی پتھر نہیں ملا

۶۰

یوں تو ہزار ناقد و ناصح ملے مگر
کوئی مجھے ضمیر سے بہتر نہیں ملا

پاؤ گے سجدہ گاہوں میں کیونکر اسے میاں
جب وہ حریمِ دل کے ہی اندر نہیں ملا

میں اس کے پاس تھا وہ مجھے ڈھونڈتا رہا
وہ میرے پاس بھی مجھے اکثر نہیں ملا

کچھ حسرتوں کو دل میں لئے جا رہا ہوں میں
سب خواہشوں کو حُسنِ مقدر نہیں ملا

تھی مصلحت اسی میں مگر پھر بھی وہ فقیر
اربابِ وقت سے کبھی جُھک کر نہیں ملا

○

رنگ لائے گا ہماری بے زبانی کا ہُنر
عام ہوگا اب یہاں آتش بیانی کا ہنر

اک تبسّم سے جگادی گلستاں کی ہر روش
دیکھیے اس رشکِ گُل کی گلفشانی کا ہنر

دوستو، یہ تو فریب و مصلحت کا دور ہے
قصۂ پارینہ ہے اب مہربانی کا ہنر

۶۲

ہم جسے ہمراز سمجھے تھے وہی نکلا رقیب
ہم کو لے ڈوبا ہماری خوش گمانی کا ہنر

سچ کو کردے جھوٹ اور نامعتبر کو معتبر
دیکھئے اِس دور کی جادو بیَانی کا ہنر

جذبہ و احساس کو ہے نغمگی دینے کا فن
شاعری سیّد نہیں لفظ و معانی کا ہنر

۶۳

○

نگاہِ نرگس میں خواب گم صم
لبوں کے رنگیں گلاب گم صم

وہ سہمی سہمی نگاہِ جاناں
صبیح رُخ پر حجاب گم صم

مجھے گماں ہے کہ بعد میرے
رہے گا حُسن و شباب گم صم

۶۴

نظر میں منظر نہیں ہے کوئی
نظارے غائب سراب گُم صُم

رَقابتوں کی کتاب رائج
رفاقتوں کا نصاب گُم صُم

ہیں عصرِ حاضر کی اپنی قدریں
روایتوں کی کِتاب گُم صُم

قتیلِ حسرت ہے دلِ ہمارا
رہے گا روزِ حساب گُم صُم

۶۵

ہو دور کوئی حال وہی بے کسوں کا ہے
حق راحتوں پہ گویا ہمیشہ بڑوں کا ہے

وہ قصر میں جلے کہ جلے بزم ناز میں
اب خون ہر چراغ میں اپنی رگوں کا ہے

میں بھی رہِ حیات پہ چلتا صبا خرام
کاندھوں پہ میرے بوجھ مگر حسرتوں کا ہے

۶۶

کُھلتا کسی پہ کیوں مرے دل کا معاملہ
سارا قصور اس میں مری وحشتوں کا ہے

سنتے ہیں بزم غیر میں اب ذکر خیر بس
میری ردیف اور میرے قافیوں کا ہے

دیتے ہیں حوصلہ مرے اشعار پر مجھے
سجادؔ یہ کرم بھی مرے دوستوں کا ہے

۶۷

خاک ہر غم پہ ڈالیے صاحب
سانپ دل میں نہ پالیے صاحب

اس میں موتی خُوشی کا نکلے گا
غم کا دَریا کھنگالیے صاحب

بھیک اُلفت کی لینے آئے ہیں
دَر سے خالی نہ ٹالیے صاحب

۶۸

بغض و کینہ تو من کی دیمک ہیں
اِن کو دل سے نکالیے صاحب

دَاغِ حسرت دیے جو دنیا نے
ہم نے دل میں چھُپا لیے صاحب

دَردِ فُرقت سے خستہ جاں ہیں ہم
اب تو آ کر سنبھالیے صَاحب

اک انوکھے حسیں تصوّر کو
شعر و نغمہ میں ڈھالیے صاحب

○

ہے گھر گھر میں محشر بپا کچھ سُنا
لہو ہر گلی میں بہا کچھ سُنا

ہیں شعلے دھماکے دُھواں ہر طرف
سِسکتی بلکتی فضا کچھ سُنا

یہ مجبور و مظلوم دل کی صَدا
وہ فریاد و آہ و بُکا کچھ سُنا

۷۰

سُلگتے ہوئے جسم کی لَو لیے
گذرتی ہے بادِ صبا کچھ سُنا

یہ شورِ فغاں الاماں الحفیظ
مرے پاسباں، رہنما کچھ سُنا

یہ کشتی بھنور سے نکالے گا کون
ہے نا اہل ہر ناخدا کچھ سُنا

ابھی آرزوئیں تھیں دل میں بہت
پکارے ہے لیکن قضا کچھ سنا

خود اپنی جفاؤں پہ سجّاد اب
پشیمان ہے بے وفا کچھ سُنا

شب و روز و شام و سحر رائگاں
زمین و زماں کا سفر رائگاں

حقیقت یہ منزل پہ جا کر کھلی
ہوا عرصۂ بال و پر رائگاں

یہ ظلمت دلوں کی نہ کم ہو سکی
تجلّیِ علم و ہنر رائگاں

۷۲

سماعت سے محروم تھا ہر صنم
دُعا، التجا، بے اثر رائگاں

کیا بندگی پر بھروسہ فضول
جُھکے آستانوں پہ سر رائگاں

وہ نقّار خانہ ہے سیّد جہاں
زباں و بیاں کے گہر رائگاں

○

بالائے عقل وفہم ہے قصّا حیات کا
دلکش ہے، پُر فریب ہے میلا حیات کا

ہر اک قدم پہ حوصلہ دیتے رہے سراب
ورنہ بہت طویل تھا صحرا حیات کا

لگتا تھا یوں کہ ایک سمندر ہے بیکراں
پایا تو چشم تر میں تھا قطرا حیات کا

۷۴

اک خوش ادا ہمارا شریکِ سفر رہا
کٹتا نہ ہم سے ورنہ یہ رستا حیات کا

آتا ہے روز اک نئی صورت میں سامنے
ہے کتنا دلفریب یہ چہرا حیات کا

پستہ قدوں کو جھک کے نہ ہم کر سکے سلام
آیا کبھی نہ ہم سے قرینا حیات کا

سوچا کیے یہ بازیِ دل ہارنے کے بعد
کتنا قصور اپنا ہے کتنا حیات کا

سجاؔد تم کو زیست نے کیا کچھ نہیں دیا
قانع بنو، سناؤ نہ دکھڑا حیات کا

○

بے برگ اپنے باغ کے یارو شجر تمام
جھولی میں غیر کے ہی گئے ہیں ثمر تمام

پر جو دیے تو جرأتِ پرواز کیوں نہ دی
بے کار ہو گئے ہیں مرے بال و پر تمام

خوشبو کسی کی یاد کی پھر پاس آئی ہے
مہکا ہوا ہے آج مرا گھر کا گھر تمام

۷۹

تھا عجز بندگی نہ ادائے کلیم تھی
مانگیں تھیں جو دُعائیں گئیں بے اثر تمام

کل جو گئے تھے کوچۂ دلبر میں کج کلاہ
لوٹے ہیں آج ہو کے وہ شوریدہ سر تمام

سیّد تو اعتبارِ محبت نہ پا سکا
کہتے ہیں معتبر اسے اہلِ نظر تمام

چسپاں ہر ایک چہرے پہ خوف و ہراس ہے
لیکن ہر اک شخص یہاں خوش لباس ہے

اے دوست آ، کہ پیار کے لمحے ہی بانٹ لیں
کچھ تیرے پاس اور نہ کچھ میرے پاس ہے

سچ تو یہ ہے وہ مجھ سے بہت دور جا چکا
دل کو مگر یقیں ہے کہ وہ آس پاس ہے

۷۸

چند آنسوؤں سے اس کو بجُھانے چلا ہے تو
اے ناسمجھ یہ دَرد کے صحرا کی پیاس ہے

سب خواہشیں کِسی کی نہ پُوری ہوئیں کبھی
یہ جانتا ہے تو، تو بھَلا کیوں اُداس ہے

اک نام وہ ہواؤں پہ لِکھتا ہے باربار
بستی میں ایک شخص عجیب بَدحواس ہے

جب سے تری گلی سے نکالا گیا ہے وہ
پیروں میں آبلے ہیں تو آنکھوں میں یاس ہے

سجّاد ان کی بزم میں جاؤ گے کِس طرح
تَن پہ تمہارے عام سا سَستا لباس ہے

۷۹

تم بھی خود رکھتے ہو اِک سر دوستو
ہاتھ میں پھر کیوں ہے پتھر دوستو

میرا دشمن سامنے تھا کِس نے پھر
پیٹھ میں گھونپا ہے خنجر دوستو

مُسکرا پائے ہیں ہم، جب پی پَیے
آنسوؤں کا اک سمندر دوستو

۸۰

سر پہ اُن کے دُھوپ کا ہے سائباں
سرد سہے جن کا مقدّر دوستو

حُسن و اُلفت کے بِنا پورا کہاں
زندگی کا کوئی پیکر دوستو

○

اَنا کی قید میں ہے آدمی کیوں ؟
جو مشتِ خاک ہے تو آمری کیوں ؟

لبِ اظہار پر ہو مہر سی کیوں ؟
رہے خاموش میری آگہی کیوں؟

وفا، اخلاص و اُلفت کیا ہوئے ہیں
ہوس کا نام اب ہے عاشقی کیوں؟

۸۲

جبیں جُھکتی ہے لیکن مصلحت پر
ریا کے بھیس میں ہے بندگی کیوں؟

چلن ہے خودستائی کا جہاں میں
ہوئی ہے خوار لیکن عاجزی کیوں؟

کبھی سوچوں کہ ہے یہ زندگی کیا؟
کبھی پُوچھوں کہ ہے یہ زندگی کیوں؟

●

۸۳

○

شکستہ پا ہوں تو پھر منزلوں کی چاہت کیا
ہوں پر بُریدہ تو پرواز کی ضرورت کیا

میرا اصول ہے سازش بھی بے ضمیری بھی
میں سرفراز ہُوا ہوں تو اس میں حیرت کیا

قدم قدم پہ میں ایمان بیچ دیتا ہوں
میں ابنِ وقت ہوں میرے لئے صداقت کیا

۸۴

لکھیں گے ہم بھی قصیدے شہِ زمانہ کے
صلہ ملے جو مناسب تو پھر شکایت کیا

خراب وقت سے ڈرتا ہوں ورنہ اے سائل
حریصِ زہر ہوں میں کیا میری سخاوت کیا

خوشی سے سر کو جُھکا دیں اگر وہ سر مانگیں
غلام ذہن ہوں یارو تو پھر بغاوت کیا

ہوا کے ساتھ چلو، رازِ ارتقا ہے یہی
جُدا ہو شاخ سے تو پتّے کی حقیقت کیا

کیا جو قصدِ عبادت تو میرے دل نے کہا
تو خود پرست ہے تیرے لئے عبادت کیا

وہ اپنی آن کو روٹی کے بدلے دے آیا
ہمارے دور میں بِلتی بھی اُس کی قیمت کیا

خموش ذہن ہو، ہونٹوں پہ جی حضوری ہو
تمہاری عقل کی صاحب کو ہے ضرورت کیا

●

۸۵

دِل کی ہر اُمنگ کو لفظ دو بیان دو
عِشق کو حجاب کیوں عشق کو زبان دو

یہ عجب کمال ہے ان کے میرے رَبط کا
جسم دو ضرور ہیں پر نہیں ہیں جان دو

زندگی کے بحر میں بے جہت چلے کہاں
کشتیِ حیات کو کوئی بادبان دو

٨٦

پیرویِ دیگراں چشم بستہ کب تلک
نسلِ نو کو دوستو پھر وہ آن بان دو

فکرِ نو کی روشنی ذہن میں ہو بند کیوں
طائرِ خیال کو سات آسمان دو

اسکی بے نیازیاں کم نہ ہوں کسی طرح
ہوش دو کہ چین دو۔ نیند دو کہ جان دو

○

جسم کا اور جان کا سودا کرو
تاجرو، انسان کا سودا کرو

بے ضمیری مصلحت کا نام ہے
وقت ہے ایمان کا سودا کرو

بیچ دو ہر جوہرِ فکر و نظر
علم کا، عرفان کا سودا کرو

۸۸

بَدگمانی، وسوسوں کے مول سے
آگہی، ایقان کا سودا کرو

خواہشوں کو آج کردو بے لگام
دل کے ہر ارمان کا سودا کرو

خود غرض ہے ہر کوئی سیّدؔ یہاں
تم بھی ہر امکان کا سودا کرو

۸۹

غیرتِ اسلاف کی کہنہ قبا کو بیچ کر
پیٹ پالا ہے میاں ہم نے انا کو بیچ کر

گرتی دیواریں حویلی کی ہمیں تکتی رہیں
چھوڑی جب بستی کلاہِ کج ادا کو بیچ کر

یوں بھی ہوتا ہے جہاں میں بندۂ رزّاقِ کل
پیٹ بھرتا ہے کبھی حرفِ دُعا کو بیچ کر

۹۰

آسماں کی رفعتیں کل تک تو اپنے بس میں تھیں
آن بیٹھے ہم قفس میں اُس فضا کو بیچ کر

ہو گئے بے چہرہ ہم تیرے نگر میں اے ندیم
لوگ جیتے ہیں یہاں مکر و ریا کو بیچ کر

○

دیوانے ذرا رقصِ جنوں تیز کیے جا
منطق سے خِرد کی ابھی پرہیز کیے جا

میں تیرے معائب کو محاسن ہی کہوں گا
تو ظرفِ انا کو مرے لبریز کیے جا

خاموش نہ رہ غنچۂ سربستہ کی صورت
لَب کھول، تو ماحول کو گلریز کیے جا

۹۲

سیراب تو کر لوح و قلم خونِ جگر سے
تو کشت سخن زار کو زرخیز کیے جا

خود کھینچ کے چلی آئے گی وہ لیلیٔ منزل
بس ذوقِ طلب کو یونہی مہمیز کیے جا

●

۹۳

ہمیں تو حرف تمنّا زباں پہ لانا ہے
یہ شعر اور یہ غزلیں تو بس بہانا ہے

تمہارے ہاتھ کا پتھر کوئی نیا تو نہیں
جبیں کا سنگ سے رشتہ بہت پرانا ہے

ہو تیرے حُسن کا جادو کہ میرا جوشِ طلب
نشہ یہ دونوں کا اک دن اُتر ہی جانا ہے

۹۴

میں تیری مان تو لیتا مگر مرے ناصح
ترے خطاب کا ہر لفظ بزدلانہ ہے

وہ خوش مزاج ہے سب لوگ ایسا کہتے ہیں
یہ اور بات کہ لہجہ مُنافقانہ ہے

وہ مشتِ خاکِ بدن ہو کہ جان کی خوشبو
ہر ایک چیز کو اک دن بکھر ہی جانا ہے

ہے جذبِ شوق برابر مگر بفیضِ انا
نہ ہم ہی جائیں گے اُن تک نہ اُن کو آنا ہے

کبھی ہے صبحِ محبت کبھی ہے شامِ فراق
یہ اُلفتوں کا زمانہ بھی کیا زمانہ ہے

بہت عزیز ہیں سیّد ہمیں بھی نازِ غزل
کہ یہ مزاج ہمیشہ سے شاعرانہ ہے

○

زندگی کے ساز کا آہنگ وہ
مُسکراتے منظروں کا رنگ وہ

پھُول خوشبو چاندنی جھرنا صبا
گلبدن گل پیرہن گلرنگ وہ

زندگی کا ہر ترنّم اُس سے ہے
نغمہ دلے دہ رباب و چنگ وہ

۹۶

کیا اسے میں نام دوں حیران ہوں
ہے خیال و خواب کا نیرنگ وہ

اس نے توڑا شیشۂ دل کو تو کیا
ٹوٹ کر بکھرا ہے خود بھی سنگ وہ

قتل کرنا چاہتا تو ہے مگر
بے نیازی پر مری ہے دنگ وہ

جو کبھی تھا ایک نازک آئینہ
حادثوں کی آگ سے ہے سنگ وہ

میرا دشمن ہے مرا ہمزاد ہی
کرتا رہتا ہے مجھی سے جنگ وہ

ستم تو کرتا ہے لیکن دعا بھی دیتا ہے
میرا حریف مجھے حوصلہ بھی دیتا ہے

ہے جس کا ایک تبسّم قرارِ جاں اپنا
اسی کا طرزِ تغافل رُلا بھی دیتا ہے

بجا کہ ہجر کا عالم عذاب ہے، یارو
مگر یہ عرصۂ فرقت مزا بھی دیتا ہے

۹۸

ہے دلنواز غضب کا مگر یہ شعلۂ عشق
کبھی شگوفۂ دِل کو جلا بھی دیتا ہے

کبھی ہے موت میں پنہاں نجات کا پہلو
کبھی وہ زیست کی صورت سزا بھی دیتا ہے

گئی رتوں کا ترنم ہے اس کے شعروں میں
روایتوں کو وہ لہجہ نیا بھی دیتا ہے

عجیب شخص ہے سیّدؔ سے آپ بھی ملیے
تعلقات کو ظالم نبھا بھی دیتا ہے

●

۹۹

○

کدھر ہیں گُل کہاں بادِ صبا ہے
چمن میں چار سو وحشت بپا ہے

مری امداد کر کے دوست تو نے
مجھے مجبور کتنا کر دیا ہے

کوئی اُس شخص سے مِل پائے کیونکر
وہ اپنی ذات کے اندر گِھرا ہے

چھُپا بیٹھا ہے کوئی میرے اندر
جو بولوں جھوٹ تو وہ روکتا ہے

اُس اونچے پیڑ کا سایہ نہ پُوچھو
سُلگتی دھوپ میں تنہا کھڑا ہے

کسوٹی کو میاں اپنی بدل دو
ہمارے دور میں کھوٹا کھرا ہے

قد آور اُس کو کہتا ہے زمانہ
وہ دولت کے ذخیرے پر کھڑا ہے

ابھی سے آنکھ میں آنسو ہیں سیّد
مرے بھائی ابھی تو ابتدا ہے

○

شمع اُمید کی سینے میں جلائے رکھنا
دُور ہر آس سے تم یاس کے سائے رکھنا

وقت احساس کی صورت کو بدل دیتا ہے
وقت کے زنگ سے جذبوں کو بچائے رکھنا

غمِ دوراں کی کشش مجھکو لبھائے گی مگر
تم مرے ہو، مجھے احساس دلائے رکھنا

۱۰۲

جانے کب بھائی کی دستک کی صدا آجائے
بیچ دیوار کے اک در بھی بنائے رکھنا

سارے آنسو نہ گرانا دمِ رخصت سیدؔ
کچھ گہر برسرِ مژگاں بھی سجائے رکھنا

۱۰۱

○

محبّت میں بڑی رُسوائیاں ہیں
مجھے پیاری مری تنہائیاں ہیں

حسیں یادوں کی کچھ پرچھائیاں ہیں
جہاں میں ہوں، وہاں تنہائیاں ہیں

بہت جلدی چھلک جاتا ہے ساغر
بڑی سطحی یہاں گہرائیاں ہیں

۱۰۴

بڑے قد کی ضرورت ہی کہاں ہے
بہت نیچی یہاں اونچائیاں ہیں

نظر خیرہ ہوئی جاتی ہے یعنی
بہت چبھتی ہوئی رعنائیاں ہیں

غنیمت ہے جو ہے چھت بھی میسّر
کہاں شہروں میں اب انگنائیاں ہیں

مری غزلو، ذرا محفل جماؤ
کہ وحشت خیز اب تنہائیاں ہیں

۱۰۵

○

آتِش کدہ سینے کو تو آہوں کو شرر لِکھ
اب دل کے گھروندے کو تمنّا کا کھنڈر لِکھ

ہر آنکھ میں آباد ہے صحراؤں کی وحشت
ہر اشک کے قطرے کو یہاں خونِ جگر لِکھ

ہونٹوں کو ملی پیاس ، مِلا پیاس کو صحرا
اس شہرِ نگاراں کو یزیدوں کا نگر لِکھ

۱۰۶

گلزار تو مقتل ہے، چمن اب ہے دفینہ
پھولوں کو لہو رنگ تو کانٹوں کو ثمر لکھ

مانا کہ بہت سخت ہیں اب زیست کی راہیں
جو راہ کا پتھر ہے اسے گردِ سفر لکھ!

مت مجھکو بتا جوہرِ شمشیر و سناں تو
بزدل ہوں مجھے جان بچانے کا ہنر لکھ

۱۰۷

جو مجھ پہ روز جفائیں ہزار کرتا ہے
اسی سے پیار دلِ بے قرار کرتا ہے

یہ میرے عیب و ہنر اس کو سب ہی پیارے ہیں
کہ مجھ سے پیار وہ دیوانہ وار کرتا ہے

فریب اُس کو نہ دے پایا میں کسی صورت
وہ شخص مجھ پہ بہت اعتبار کرتا ہے

۱۰۸

میں تیرے ناز کے صدقے مگر خیال رہے
اک اور شخص مرا انتظار کرتا ہے

بتادے کوئی کہ دامن میں اسکے کیا آیا
جو پھول خود کو سُپردِ بہار کرتا ہے

حریف ایسا تو اس دور میں نہیں سیّد
مقابلے میں جو آگے سے اس وار کرتا ہے

○

ہماری یاد میں پلکوں کو نم نہیں کرنا
حیات اپنی سُپردِ الم نہیں کرنا

تمہاری آنکھ میں خوابِ سحر تھے گویا ہم
ہمارے مٹنے کا تم کوئی غم نہیں کرنا

شجر اُجاڑ کے تم نے نگر بسا تو لیے
سُلگتی دھوپ میں سائے کا غم نہیں کرنا

۱۱۰

ہمارے ہو کے بھی تم ہم سے فاصلے رکھو
ہمارے حال پہ ایسا ستم نہیں کرنا

سکون چاہو جو سیّد تو بھول کر بھی یہاں
حقیقتوں کو سُپردِ قلم نہیں کرنا

○

رنگِ گُل اور گلشن و گلزار کی باتیں کریں
کچھ تبسّم کچھ لب و رُخسار کی باتیں کریں

مہہ جبینوں ، ناز نینوں کے ذرا قصے سنیں
رشکِ مہر و ماہ اُس گلنار کی باتیں کریں

حُسن کو اُن کے سراہیں کہکشاں کے سامنے
چاندنی میں بیٹھ کر ہم پیار کی باتیں کریں

۱۱۲

زندگی کے پیچ و خم اور الجھنوں کو بھولکر
ظلمتوں سے گیسوئے خم دار کی باتیں کریں

ہر طرف خونریزیاں ہیں ہر طرف رقصِ ستم
کس طرح اے دوست ہم پھر پیار کی باتیں کریں

تھک گیا ہے ذہن سیدؔ میر کا دیوان اٹھا
کب تلک ہم خنجر و تلوار کی باتیں کریں

تنہائی کا قصّہ لکھنا
لمحہ لمحہ دُکھتا لکھنا

سارے ناتے کچّے دھاگے
ذات سے رشتہ سچّا لکھنا

جب بھی جانا اُس چوکھٹ پر
میری جبیں کا سجدہ لکھنا

۱۱۴

رات کی ہر کالی چادر پر
خواب سجانا، سپنا لکھنا

یاد ستائے جب بھی اُس کی
شعر کوئی اچھا سا لکھنا

خط میں وہ کورے کاغذ پر
بس اک لفظ "تمہارا" لکھنا

وہ بولے تو پھول کھلیں گے
چُپ ہے وہ تو غنچہ لکھنا

کتنا مشکل کام ہے سیّد
مقطع ایک اچھوتا لکھنا

۱۱۵

○

اتنے دلکش تھے دِلرُبا کے فریب
کھا لیے ہم نے مُسکرا کے فریب

ہم سے پوچھو کہ گمرہی کیا ہے
ہم نے کھائے ہیں رہنما کے فریب

ساتھ گلچیں کو لے کے آئی ہے
کوئی دیکھے تو اِس صبا کے فریب

۱۱۶

پارسائی میں بھی ریاکاری
کیا انوکھے ہیں پارسا کے فریب

لے لو پتوار اپنے ہاتھوں میں
ورنہ کھاؤ گے ناخدا کے فریب

غیر تو غیر تھے مگر سیّد
جان لیوا ہیں آشنا کے فریب

۱۱۷

جان سے اپنی گزرتا کون ہے
سب کہا کرتے ہیں کرتا کون ہے

ہے سبھی کو باغِ جنّت کی ہوس
آتشِ دوزخ سے ڈرتا کون ہے

دل کے ویرانے میں میرے شام سے
روز یہ سجتا سنورتا کون ہے

۱۱۸

نیلگوں جھیلیں ہیں یا آنکھیں تری
ڈوب کر ان میں اُبھرتا کون ہے

کچھ حسیں چہرے نظر آئے تو ہیں
دیکھئے دل میں اُترتا کون ہے

خاک میں اک روز مل جاتے ہیں سب
خوشبوئیں بن کر بکھرتا کون ہے؟

○

مَاہ صورت جبیں کُشادہ ہے
آنکھ ساغر، نگاہ بادہ ہے

بادِ سرمست ہے جو راہ چلے
مثلِ مینا جو ایستادہ ہے

سمت و منزل سے بے خبر ہو کر
چلتے رہنے کا بس ارادہ ہے

۱۲۰

لوگ چلتے ہیں مشعلیں لے کر
بے ضرورت چراغ جادہ ہے

جان لیوا ہے دُکھ نہ پانے کا
پا کے کھونے میں غم زیادہ ہے

ٹوٹے ٹوٹے ہیں جسم و جاں دونوں
دِل شکستہ مگر زیادہ ہے

چُن رہا ہے جو رزق کوڑے سے
اپنی ماں کا وہ شاہزادہ ہے

دورِ حاضر میں اور تلاشِ خلوص
تو بھی سجّاد کتنا سادہ ہے

○

جمالِ عارض ولب کی عنایتیں کیا کیا
ملی ہیں راہِ محبت میں راحتیں کیا کیا

اٹھی جھکی ہوئیں نظریں تو ہم پہ راز کھلا
چھپی ہیں پلکوں کے پیچھے شرارتیں کیا کیا

ہزار عالم ویراں ہیں جن کے آگے ہیچ
بسی ہیں دیدہ و دل میں یہ وحشتیں کیا کیا

سب ایک جانِ تمنّا پہ وار دیں ورنہ
کبھی تھیں دل میں ہمارے بھی حسرتیں کیا کیا

متاعِ علم سے بڑھ کر نہیں کوئی دولت
کہیں ہیں ہم سے سلف نے کہاوتیں کیا کیا

۱۲۳

○

لبِ خاموش سے اظہارِ تمنّا چاہیں
جذبۂ شوق کا وہ ایسا تماشا چاہیں

ہیں تو زندانِ خرد سے ہوا کب کا آزاد
آپ رہ لیں جو ابھی قید میں رہنا چاہیں

وہ جو رہتے ہیں ہر اک بزم کی رونق بنکر
یوں بھی دیکھا ہے کہ تنہائی میں رونا چاہیں

۱۲۴

ایک ہم تھے کہ کہانی سے بہل جاتے تھے
اب تو بچّے بھی حقیقت کو پرکھنا چاہیں

کر کے مصلوب مجھے میرے قبیلے والے
ہائے مجھ سے ہی وہ اعجازِ مسیحا چاہیں

چھوڑ کے سارے لڑکپن کے کھلونے وہ اب
اس پہ مچلے ہیں کہ ہم دل کا کھلونا چاہیں

بزمِ یاراں میں بھی رہتے ہیں اکیلے سیّد
بزمِ خوباں میں بھی چہرا کوئی تجھ سا چاہیں

۱۲۵

○

یاد چمکی ہے داغ میں دل کے
آئے جگنو سراغ میں دل کے

غنچۂ جاں خموش ہے کب سے
پھر صبا آئے باغ میں دل کے

گُل نہ ہو جائیں آنسوؤں کے دیے
خون کم ہے چراغ میں دل کے

۱۲۶

بے نہایت سرور چاہتے ہیں
مے اُنڈیلو ایاغ میں دل کے

جانے کب یہ خموش ہو جائے
دم نہیں اب چراغ میں دل کے

راہِ اُلفت سے باز آئے کیوں
دِل ہی دل ہے دماغ میں دل کے

١٢٧

تجدید رسم و راہ کے امکاں نہیں رہے
اب دل کے زخم جیسے پرافشاں نہیں رہے

بَدلا ہوا مزاجِ محبّت ہے آجکل
قسمیں نہیں رہیں ہیں وہ پیماں نہیں رہے

پہلی سی عشق میں بھی وہ شدّت نہیں رہی
اور حُسن کے بھی رنگ درخشاں نہیں رہے

۱۲۸

ہم کو بھی ان سے آج شکایت نہیں کوئی
اپنے کیے پہ وہ بھی پشیماں نہیں رہے

یہ آخری ستارہ بھی دم توڑنے کو ہے
شاید اب انکے آنے کے امکاں نہیں رہے

سجاؔد دل شکستہ کہیں اور ہی چلیں
اِس شہر میں تو اچھے سخن داں نہیں رہے

۱۲۹

غنچہ غنچہ بہار میں گُم ہے
دِل ترے انتظار میں گم ہے

صحنِ گُلشن میں ایک شوخ پرند
گُل سے قول و قرار میں گم ہے

آئینے کی نظر نہ لگ جائے
وہ ستم گر سنگھار میں گم ہے

۱۳۰

کیسی بستی ہے ہر کوئی اس میں
حسرتوں کے شمار میں گم ہے

شکوہ کس سے کریں کہ حاکمِ وقت
نشۂ اقتدار میں گم ہے

رہ روِ شوق ہوں نگہ میری
منزلِ بے کنار میں گم ہے

بزمِ یاراں کہاں کہ ہر اک فرد
گردشِ روزگار میں گم ہے

شیخ کو کیا کہیں کہ سیّد بھی
مستیِ چشمِ یار میں گم ہے

○

جفاؤں کے نئے انداز لاؤ
وفاؤں کو ہماری آزماؤ

رہِ اُلفت میں شکوہ، تنگ ظرفی
ستم کے تیر کھاؤ، مُسکراؤ

حصارِ خود فریبی سے نکل کر
ذرا اک بار میرے پاس آؤ

۱۳۲

میں اپنے آپ کو پہچان پاؤں
مجھے اک ایسا آئینہ دکھاؤ

نیا جگ ہے بہت ہمدم ملیں گے
شبِ فرقت میں مت آنکھیں جلاؤ

وہی ہوں میں مگر عالم گزیدہ
مرے یارو نہ یوں نظریں چراؤ

رہو ارباب کے آگے خمیدہ
وفاداروں کو اُنگلی پر نچاؤ

خیالوں کی پہنچ سے ہے پرے وہ
میاں سیّد اسے اب بھول جاؤ

○

خیالِ یار کا روشن جو ہے دیا، نہ بجھا
رہِ حیات میں اِس سے ہی ہے ضیا، نہ بجھا

جو پیاس ہی ہے مقدر مرا تو پھر ساقی
پیالہ رہنے دے، یہ تشنگی بڑھا، نہ بجھا

شبِ وصال ہے دم لے ذرا نمودِ سحر
ٹھہر، ابھی سے ستاروں کا سلسلہ نہ بجھا

۱۳۴

کبھی لگائی تھی تو نے جو دیدہ و دل میں
ہے اختیار تجھے آگ یہ بجھا نہ بجھا

بتا دو اُس کو کہ ہر دور کے خداؤں نے
بجھایا لاکھ مگر شعلۂ نوا نہ بجھا

●

○

ہم تیری آرزوئے پریشاں لیے ہوئے
پھرتے ہیں چاک چاک گریباں لیے ہوئے

جاری ہے زخمِ دل پہ جفاؤں کا سِلسلہ
پھرتا ہے اب رقیب نمکداں لیے ہوئے

جانِ صَبا وہ آئے کہ بیٹھے ہیں راہ میں
سینے میں آرزو کا گلستاں لیے ہوئے

۱۳۶

وہ ہم سے پوچھتے ہیں دلِ غمزدہ کا حال
تیرِ نگاہ، دشنۂ مژگاں لیے ہوئے

جاگے نصیب اپنے وہ آئے ہیں قتل کو
دستِ حنا میں خنجرِ عُریاں لیے ہوئے

سجّاد دل کی خیر وہ بیٹھے ہیں سامنے
دونوں ہتھیلیوں میں زنخداں لیے ہوئے

○

شوقِ طلب کے ساتھ شعورِ طلب بھی ہو
دستِ دُعا اٹھاؤ تو پاسِ اَدب بھی ہو

لازم یہ امتزاج ہے مومن کیواسطے
حِلم و حیا جو ہو تو کمالِ غضب بھی ہو

ثروت جو مل گئی ہے تو دل میں ہیں خواہشیں
شہرت ہو، اقتدار ہو، اونچا لَقَب بھی ہو

۱۳۸

مانا کہ ہم کو بھول بھی سکتا ہے زہ مگر
اِس ترکِ رسم و راہ کا کوئی سبب بھی ہو؟

سَب حسرتوں کو بھول کے سو جاؤں چین سے
مالک میرے نصیب میں اک ایسی شب بھی ہو

لکھو غزل جدید، ہو اُسلوب بھی نیا
لیکن کبھی حکایتِ رخسار و لب بھی ہو

صحرائے اضطراب میں اچھا ہے دوستو
پیشِ نظر جو ایک سرابِ طرب بھی ہو

○

اشک پلکوں پہ یہ جو آئے ہیں
دل کے داغوں نے گُل کھلائے ہیں

کیا صَبا اُس کو چھُو کے آئی ہے
پھُول یادوں کے مُسکرائے ہیں

اس نے چاہا ہے ٹوٹ کر ہم کو
اور ہم پر ستم بھی ڈھائے ہیں

۱۴۰

جن کی تقدیر میں نہیں تعبیر
خواب آنکھوں میں وہ سجائے ہیں

لاکھ طوفان آئیں ہم کو کیا
ہم تو سر ریت میں چھُپائے ہیں

غنچہ ہائے سُخن میاں سیّد
میر کی ہی زمیں سے لائے ہیں

○

ہم دل کو ذرا عقل کے پیچاک سے لے آئیں
اب شوق کو پابندیِ ادراک سے لے آئیں

دینا ہے نیا طرزِ تصوّر کی قبا کو
کچھ رنگ ذرا پھولوں کی پوشاک سے لے آئیں

محتاج سمندر کے نہ محتاج صدف کے
جب چاہیں گہر دیدۂ نمناک سے لے آئیں

صحرا میں بنانے کے لیے اپنا نشیمن
اک تار چمن کے خس و خاشاک سے لے آئیں

بے کار رہی گردش میں ہے صدیوں سے یہ ناچیز
مٹی کو چلیں اپنی ہم اب چاک سے لے آئیں

کرنا ہے غلط آج غمِ مرگِ تمنا
اک قطرۂ مے آج رگِ تاک سے لے آئیں

سنجیدہ ہوا جاتا ہے اسلوب غزل کا
اک شوخ ادا اس بتِ بے باک سے لے آئیں

اس سادہ مزاجی کو چلو چھوڑ دیں سیّد
جینے کا ہنر اب کسی چالاک سے لے آئیں

۱۴۳

○

قرب رکھیے نہ فاصلے رکھیے
صرف محتاط واسطے رکھیے

دل ہے ناداں اُلجھ ہی جائے گا
دلرباؤں سے فاصلے رکھیے

مشکلوں کا سفر بھی آساں ہے
بڑھتے رہنے کے حوصلے رکھیے

بیت جائے گی ہر شبِ فرقت
اُن کی یادوں کے سلسلے رکھیے

ہم تو دریا ہیں رہ بنا لیں گے
آپ راہوں میں مرحلے رکھیے

میں سمندر ہوں سب سموں لونگا
میرے سینے پہ حادثے رکھیے

حسنِ دلکش میں چھب غضب کی ہے
نیچے نظروں کے زاویے رکھیے

بات بنتی نہیں ہے یوں سیّد
کچھ اچھوتے سے قافیے رکھیے

○

دل کے ہر تار کی صدا تم ہو
حاصلِ دستِ ہر دُعا تم ہو

وحشتِ احساس میں بسا میں ہوں
گلشنِ زیست میں صبا تم ہو

حسن کے ہاتھ پر حنا میں ہوں
قُربتِ عشق میں حیا تم ہو

نازشِ حسن کا سبب میں ہوں
نغمہ و شعر کی ادا تم ہو

عرصۂ کرب میں جیا میں ہوں
لمحۂ شوق میں بپا تم ہو

درد ہوں عشق ہوں وفا میں ہوں
حسن ہو سنگ ہو جفا تم ہو

●

○

سنگ دل وہ ہے بے وفا وہ ہے
پھر بھی لگتا ہمیں بھلا وہ ہے

خوبصورت ہے خوش ادا وہ ہے
دل نشیں وہ ہے دلربا وہ ہے

دلبری میں ہے سب سے آگے وہ
دل دکھانے میں بھی سوا وہ ہے

۱۴۸

مجھ کو طوفاں کا ڈر نہیں کوئی
میری کشتی کا ناخدا وہ ہے

گو سخی خوب ہے صدا اُس کی
شاید اندر سے کھوکھلا وہ ہے

ناتراشیدہ ایک پتّھر بھی
ہو عقیدت تو دیوتا وہ ہے

بیچ کر خود ضمیر سی شے کو
اپنے حامی خریدتا وہ ہے

○

زَباں خموش ہے دل بھی بجھا بجھا سا ہے
مرے وجود کا عالم گھٹا گھٹا سا ہے

میں ہنس رہا ہوں مگر اس ہنسی کے قالب میں
ہزار یاس کا محشر چھپا چھپا سا ہے

نہ آرزو کا تسلط نہ خواہشوں کا ہجوم
خیالِ یار بھی مجھ سے خفا خفا سا ہے

۰ ۱۵۱

وہی ہے وعدۂ اُلفت وہی زباں میں مٹھاس
مگر جناب کا تیور نیا نیا سا ہے

ہوا ہے سختئ دوراں کا جب سے مجھ پہ کرم
مرا حبیب بھی مجھ سے کٹا کٹا سا ہے

بہت عجیب ہے اب کے بہار کا عالم
ہر اک پھول کا چہرہ رُندھا رُندھا سا ہے

غریقِ رقص ہیں دشتِ جنوں ہیں دیوانے
دیارِ ہوش میں جو ہے ڈرا ڈرا سا ہے

نہیں کسی کو یہاں فرصتِ مسیحائی
ہر ایک اپنے ہی دُکھ میں بِندھا بِندھا سا ہے

۱۵۱

ہم سائے کہلانے والے جانے اور پہچانے لوگ
شعلے ہاتھ میں لیکر آئے میرے گھر کو جلانے لوگ

چھوٹی سی اک بات کو لیکر ایسے ہوئے دیوانے لوگ
خون کے دریا بہتے رہے اور بھرتے رہے پیمانے لوگ

کوچہ کوچہ بستی بستی موت کا رقصِ پیہم تھا
اپنی اپنی سیج پہ بیٹھے ہنستے رہے فرزانے لوگ

۱۵۲

میرا محافظ ہی قاتل ہے میرا رہبر رہزن ہے
میرا وکیل اور میرا منصف سب کے سب بیگانے لوگ

ہم نے سنا تھا اہلِ وفا کو دیواروں میں چنتے ہیں
مجھ کو بسمل کر کے لائے ہیں دریا میں بہانے لوگ

تم نے سیّد عشق و وفا کو ایک نیا انداز دیا
ورنہ حقیقت کو بھی اکثر کہتے تھے افسانے لوگ

○

پینے سے جائے گی نہ پلانے سے جائے گی
دل کی جلن تو اشک بہانے سے جائے گی

الزامِ قتل تیری ہی گردن پہ آئے گا!
یہ جان میری تیرے نہ آنے سے جائے گی

ہوش و حواس و قلب و جگر کام آ چکے
اب روح بھی یہ اپنے ٹھکانے سے جائے گی

۱۶۵

اس کے خلوصِ عِشق سے اِنکار تو نہ کر
ورنہ دِیوانگی بھی دِیوانے سے جائے گی

اس دورِ خود پرست میں لگتا ہے جلد ہی
یہ رسمِ عاشقی بھی زمانے سے جائے گی

افسردگی جو ذہن پہ سیّد محیط ہے
اشعار دوستوں کو سُنانے سے جائے گی

O

رشکِ چمن ہے ہر کوئی دل دار دیکھنا
غنچہ دہن کی خوشبوئے گفتار دیکھنا

اک آرزو تھی دل میں جو پوری نہ ہو سکی
اس کی نظر میں اپنے لیے پیار دیکھنا

چل تو پڑے ہو کوئے محبت کو تم میاں
سنتے ہیں ہم یہ راہ ہے پُر خار دیکھنا

۱۵۶

بکنے کے واسطے سرِ بازار آگیا
دل چاہتا ہے اس کو خریدار دیکھنا

اس درجہ اہتمام سے ملنے لگے ہیں لوگ
مشکل ہے فرقِ ہمدم و اغیار دیکھنا

مجھ کو تو زندگی کی ستم رانیاں بہت
میرے لئے نہ منصب و دستار دیکھنا

یہ تنگیاں دلوں کی جو بڑھتی رہیں تو کل
اپنے ہی صحن میں نئی دیوار دیکھنا

کرتا ہے دل کی آرزو اشعار میں بیاں
سجّاد کی یہ جراَتِ اظہار دیکھنا

۱۵۷

شب و روز و شام و سحر ٹوٹ جائیں
وہ چاہیں تو شمس و قمر ٹوٹ جائیں

جو دنیا کے مظلوم مل کر پکاریں
تو دنیا کے دیوار و در ٹوٹ جائیں

جو سایہ نہ دے پائیں اہلِ جنوں کو
تو بہتر ہے ایسے شجر ٹوٹ جائیں

۱۵۸

جو خونِ غریباں سے تاباں ہوئے ہیں
وہ تاجوں کے لعل و گہر ٹوٹ جائیں

جہاں میں محبت کی رسوائیاں ہوں
جو پلکوں سے گِر کر گہر ٹوٹ جائیں

اِن اشکوں کا، آہوں کا مفہوم کیا ہو
دعاؤں کے جب بال و پر ٹوٹ جائیں

جیو گے بھی سجاد کِس طرح تنہا
جو قربت کے شام و سحر ٹوٹ جائیں

○

کچھ ہم پہ گراں آج کی یہ رات بہت ہے
تنہائی ہے اور شورشِ جذبات بہت ہے

گِھر گِھر کے چلی آتی ہیں یادوں کی گھٹائیں
آنکھوں سے رواں اشکوں کی برسات بہت ہے

بے کیف لگے ہے تیرے ہونٹوں کی حلاوت
اے میرے صنم تلخیٔ حالات بہت ہے

۱۶۰

وہ شوخ یہاں ، اور نہ ہی ساغر و مینا
کیا کیجیے اِس کا کہ جواں رات بہت ہے

آنکھوں میں سما جاؤ کبھی یادوں کی ضیاؤ
اب ہم پہ گراں یہ شبِ ظلمات بہت ہے

کہتے ہیں جسے دنیا، بے رحم سمندر ہے
جو تیر نہیں سکتا گرداب کی زد پر ہے

ہر سانس میں دکھ ہیں تو ہر گام ہے مایوسی
مجبور کے سینے پر مغرور کی ٹھوکر ہے

ہر رات تم اشکوں کی کیوں بزم سجاتے ہو
تاروں کا مقدّر ہی خوابوں کا مقدر ہے

جب تم نہ رہے اپنے تو شعر کہیں کیسے
اب ذہن بھی خالی ہے اور بوجھ سا دل پر ہے

معصوم تمنائیں پروان چڑھیں کیسے
احساس کے سینے پر جب عقل کا خنجر ہے

ہے ساتھ ترے سیّد جلتا ہوا اک سورج
خواہش ہے تجھے جسکی وہ موم کا پیکر ہے

۱۶۳

وجود اپنا بھی اب بارِ گراں معلوم ہوتا ہے
ہر اک احساس سے دل بدگماں معلوم ہوتا ہے

وہ میرے تھے وہ میرے ہیں بساطِ زندگانی پر
مجھے تو سب نقط وہم و گماں معلوم ہوتا ہے

ہمارے گلستاں کا دوستو اللہ مالک ہے
کہ ہر گلچیں بشکلِ باغباں معلوم ہوتا ہے

۱۶۴

خدا کا سادہ دل بندہ وہ اک پیکر محبت کا
گرفتارِ فریبِ دوستاں معلوم ہوتا ہے

بہت عرصہ سے ہم تم ساتھ رہتے آئے ہیں پھر بھی
وہی اک فاصلہ سا درمیاں معلوم ہوتا ہے

غزل سنکر وہ سیّد کی بڑے انداز سے بولے
یہ شاعر تو کوئی جادو بیاں معلوم ہوتا ہے

○

زندگی کا حساب رہنے دو
یہ سزا اور ثواب رہنے دو

اک عجب کیف ہے تجسّس میں
کچھ تو حائل حجاب رہنے دو

کیسے مانوں کہ سامنے تم ہو
ہے سراسر سراب رہنے دو

۱۶۶

ساغرِ غم کو یوں نہ چھلکاؤ
شیشۂ دل میں ناب رہنے دو

بات تھی دھوپ سے نمٹنے کی
چھپ گیا آفتاب، رہنے دو

ڈوب جانا میرا مقدّر ہے
بحر میں اضطراب رہنے دو

کتنی دلچسپ ہے کتابِ حیات
آرزوؤں کا باب رہنے دو

میرے گھر میں چراغ روشن ہے
بام پر ماہتاب رہنے دو

سب ہٹا دو میرے سرہانے سے
میرؔ کی اک کتاب رہنے دو

دے کے رسوائیاں مجھے سیّدؔ
اس کو عزّت مآب رہنے دو

کس کو جگر خراش فغاں تم سناؤ گے
بیٹھے گا کون پاس جو آنسو بہاؤ گے

سایا بھی روشنی کا وفادار ہے میاں
تاریکیوں میں خود کو اکیلا ہی پاؤ گے

دل نے ابھی یقین پہ کاٹی شبِ فراق
پہلی کرن کے ساتھ تو تم آ ہی جاؤ گے

۱۶۸

آنکھوں سے دل میں، دِل سے وہ جاں میں اتر گیا
اب ایسے جانِ جاں کو بھلا کیوں بھلاؤ گے

یہ رفتہ رفتہ کھوکھلا کر دے گا ایک دن
دِل میں چھپا کے کرب کو جو مُسکراؤ گے

ہم نے کہا کہ تازہ غزل نذرِ ناز ہے
کہنے لگے سنیں گے، جو گا کر سناؤ گے

اس داستانِ زیست کا بس یہ خلاصہ ہے
دریا میں خواہشوں کے ہر اک شخص پیاسا ہے

اُٹھّا جو دل میں درد بہت آشنا سا ہے
لیکن کچھ اس میں کیف ہی اب کے نیا سا ہے

بیٹو! مرے ضمیر کے پُرزے سمیٹ لو!
میری تمام عمر کا بس یہ اثاثہ ہے

۱۷۰

اس شہرِ بوالہوس کا یہ عالم تو دیکھیے
ہر دستِ آرزو میں کسی سر کا کاسہ ہے

واقف ہیں خوب وعدہ و پیماں سے اُن کے ہم
وعدہ نوازشوں کا فقط اک دِلاسہ ہے

خُم خانۂ حیات میں تنہا نہیں ہوں میں
ہر ذرّۂ کائنات کا میرا شناسا ہے

اس رزم روزگار میں سب ہیں حریفِ جاں
ہمدم نہ کوئی دوست نہ کوئی شناسا ہے

۱۷۱

○

جو چشمِ یاس سے ٹپکا تو آب جیسا تھا
رگِ گلو سے بہا تو گلاب جیسا تھا

بدن کی ریت میں اب دفن ہے جو قطرۂ دل
کبھی یہ سینے میں میرے رباب جیسا تھا

عجیب دور تھا وہ جس میں لمس سے اُن کے
نشہ رگوں میں ہماری شراب جیسا تھا

۱۷۲

ترے فراق میں بیزارِ خواب تھیں آنکھیں
ترے وِصال کا لمحہ بھی خواب جیسا تھا

ملے کبھی تو اُسے لفظ لفظ پڑھیے گا
وہ جانِ شعر غزل کی کتاب جیسا تھا

اگرچہ آپ نہیں ہیں مگر میرا قاتل
مجھے گماں ہے کہ وہ بھی جناب جیسا تھا

پَلٹ کے ہم نے جو دیکھا تو سارا عرصۂ عمر
جبینِ آبِ رواں پر حباب جیسا تھا

حضور آپ ہیں سیّد سے بدگماں ناحق
خراب تو وہ نہیں تھا خراب جیسا تھا

حالِ دل ذکرِ مہوشاں کچھ تو
ہاں کہو بہرِ داستاں کچھ تو

شکوہ، فریاد، یا فُغاں کچھ تو
دِل بہل جائے گا میاں کچھ تو

ہو نگاہِ کرم، کہ چشمِ ستم
کر عطا ہم کو مہرباں کچھ تو

۱۷۴

پھُول ہوں میں تو مجھ سے ملنے کو
آئیں جائیں گی تِتلیاں کچھ تو

آؤ اِک بار تو خِیالوں میں
مہکے یادوں کا گُلستاں کچھ تو

چھیڑ سجّاد اک غزل ایسی
مُسکرائے وہ بدگماں کچھ تو

○

خونِ دل ، رقصِ ستم دیدۂ خونبار یہاں
اب کہاں صحبتِ چشم ولب و رخسار یہاں

کِس کو جرأت ہے کہ مظلوم کے حق میں بولے
بارِ دستار سے جُھک جاتے ہیں سردار یہاں

خوئے تسلیم سے خم تھے وہی محفوظ رہے
سر سجائے گئے کتنے ہی سرِ دار یہاں

۱۷۶

دشتِ بے آب و شجر میں ہے مسافر تنہا
کیوں میسّر ہو اُسے سایۂ دیوار یہاں

رہو خاموش جو بولو تو فقط ہاں بولو
خامشی ٹھہری ہے اب عقل کا معیار یہاں

ذہن کے شبستاں میں چاندنی کا موسم ہے
شہرِ دل میں اب اپنے شاعری کا موسم ہے

جاؤ نازوالوں کو مژدہ یہ سُنا آؤ
جاں نثار آئے ہیں، دلبری کا موسم ہے

یخ زدہ تعلق کو چاہتوں کی گرمی دو
اِن دنوں پرندوں کی واپسی کا موسم ہے

۱۷۸

خواہشوں کی سُولی پر جا کے خود لٹکتے ہیں
شہرِ جاں میں اب جیسے خودکشی کا موسم ہے

آپ کو مُبارک ہو خوشبوؤں کی رت صَاحب
دشتِ دِل میں اپنے تو درد ہی کا موسم ہے

کچھ نصیب والے ہی رَاحتوں کے خُوگر ہیں
بیشتر کی دُنیا میں بے بسی کا موسم ہے

ہر منڈیر پیاسی ہے، آئے اَبر ساون کا
فرقتوں کا موسم بھی تشنگی کا موسم ہے

منزلوں کی چَاہت میں خود کو کھو نہ دینا تم
منزلوں کے دامن میں گمرہی کا موسم ہے

بے حسوں کی بَستی ہے آہ تک نہیں کرتے
حرف حرف سَاکت ہے خامشی کا موسم ہے

انکسار کی عادت چھوڑ دو میاں سیّد
خودستائی کی رُت ہے خودسری کا موسم ہے

●

۱۷۹

خیالِ یار سے اب فاصلہ ضروری ہے
کہ اپنے آپ سے بھی رابطہ ضروری ہے

بجا وصال کے لمحے حسین ہوتے ہیں
مگر فراق کا بھی مرحلہ ضروری ہے

ہم اپنی نیند سے بیدار ہو تو سکتے ہیں
پر اس کے واسطے اک حادثہ ضروری ہے

۱۸۰

وہ اپنے آپ کو پہچان لے کبھی شاید
اب اسکے سامنے اک آئینہ ضروری ہے

یقین دوست کی باتوں پہ کیجئے لیکن
کبھی حریف سے بھی مشورہ ضروری ہے

حضور راحتِ پیہم سے تھک نہ جائے دِل
کہ مشکلات سے بھی واسطہ ضروری ہے

میں کوئی شعر تو اِس کے لیے بھی کہہ لیتا
مگر حسین سا اک قافیہ ضروری ہے

کسی بھی طور سے اُس کی ثنا لکھوں سیّد
مگر طویل سا اِک حاشیہ ضروری ہے

روز پانے کی آرزو تھی
روز بے سود جستجو تھی

روز خوابوں میں ہم سفر وہ
روز تنہائی رو بہ رو تھی

میری طالب ہزار آنکھیں
اور مجھے تیری آرزو تھی

۱۸۲

رات خوابوں کی وادیوں میں
تیری خوشبو ہی چار سو تھی

دل میں یادیں تھیں تیشہ زن سی
اور آنکھوں میں آب جو تھی

ماہ و انجم کہ لالہ و گل
ہر طرف تیری گفتگو تھی

تھیں بہاریں بھی تب بہاریں
جب مرے پاس جان تو تھی

کیوں لگایا ہے روگ دل کا
کیا تیری جان فالتو تھی

۱۸۳

○

کس کو کس کی بھلا خبر ہے یہاں
اپنی ہستی میں گم بشر ہے یہاں

"آپ" اور "وہ" ہیں دونوں بے معنی
لفظ اک "میں" ہی معتبر ہے یہاں

کس نے چہروں کی تازگی لوٹی
کیوں فسردہ ہر اک نظر ہے یہاں

۱۸۴

کل تلک زیست مُسکراتی تھی
آج بس موت کا گذر ہے یہاں۔

سب مکیں اس مکاں کے زندہ ہیں
پھر یہ کیوں وحشتوں کا گھر ہے یہاں

جو محافِظ ہے وہ ہی قاتل ہے
اب ستمگر ہی چارہ گر ہے یہاں

اس نے بس اک بہار ہی دیکھی
زندگی کتنی مختصر ہے یہاں

کون ہے جو نگر کا راجہ ہے
خوف کتنا ہے کتنا ڈر ہے یہاں

سنگ کو آئینہ بناتا ہو!
کوئی ایسا بھی شیشہ گر ہے یہاں؟

یہ تو تیرے عدو کی تربت ہے
آنکھ سجّاد تیری تر ہے یہاں؟

○

خوابوں کی پری ہر شب آنکھوں میں اترتی ہے
پر دھوپ نکلنے تک کب پاس ٹھہرتی ہے

آنکھوں کو جلاتے ہیں، یادوں کو جلاتے ہیں
اب عشق کے ماروں کی یوں رات گزرتی ہے

اُمید کی پتواریں مایوسی کی دَل دَل میں
حالات کے ماروں کی یوں زیست گزرتی ہے

کچھ اینٹیں وجود اپنا بنیاد میں کھوتی ہیں
تب جا کے کہیں کوئی دیوار اُبھرتی ہے

کچھ لوگ چراغوں میں خون اپنا جلاتے ہیں
تب تیرگی چھٹتی ہے تب زیست سنورتی ہے

جب ٹوٹ کے شاخوں سے پستی ہے وہ پتھر پر
تب جا کے حنا یارو ہاتھوں پہ نکھرتی ہے

مایوسی میں یہ اکثر ہونٹوں پہ سوال آیا
تدبیر سے کیا کوئی تقدیر سنورتی ہے؟

جب بزمِ نگاراں میں سجاد پہنچتے ہیں
اک چہرہ نکھرتا ہے اک زُلف سنورتی ہے

رنگ پریدہ زلف پریشاں
چشمِ غزالاں حیراں حیراں

گیسوئے مشکیں شب کی سیاہی
صورتِ خنداں ماہِ تاباں

پہلی پہلی بار ملے تو
وہ بھی ناداں ہم بھی ناداں

۱۸۸

اُن کا وہ اظہارِ محبّت
تھوڑا ظاہر تھوڑا پنہاں

ان کی حالت وقتِ رخصت
ہونٹ لرزتے آنکھیں گریاں

اُن کا اچانک ترکِ تعلق
مری شکست و ریخت کا ساماں

مل جاتے ہیں راہ گاہے
نادم نادم خود سے پشیماں

عشق کی چشمِ یاس کا عالم
پُرنم پُرنم سوزاں سوزاں

سیّد ہجر میں یوں جیتے ہیں
کوئی ہے خواہش اور نہ ارماں

○

اک نوائے بے کراں ہے زندگی
نالہ و آہ و فغاں ہے زندگی

دل کی مانو عقل کی کم کم سنو
تب ذرا کچھ شادماں ہے زندگی

آجکل کے اہلِ زر کے واسطے
آرزوؤں کی دکاں ہے زندگی

۱۹۰

کچھ سہارا بے سہاروں کا بنو
تب تمہاری کامراں ہے زندگی

جو اصولِ حق کی خاطر مٹ گئے
ہاں وہی تو جاوداں ہے زندگی

چشمِ بینا کھول کر دیکھو ذرا
ذاتِ برتر کا نشاں ہے زندگی

اِس کو اے سجاد تو سستا نہ جان
بیش قیمت ارمغاں ہے زندگی

۱۹۱

○

پھیکے پھیکے منظر سب
باغ، بغیچے، بنجر سب

قطرے کے محتاج میاں
ندیاں، نالے، ساگر سب

شاہیں اُڑنا بھول گئے
ٹوٹ چکے ہیں شہپر سب

۱۹۲

مہر و محبت، جود و سخا
حرص و ریا کی شہہ پر سب

دیواروں کی قید میں کچھ
سچ تو یہ ہے بے گھر سب

ساگر دیکھ کے، دریا کے
نچلے بیٹھے تیور سب

سیدؔ کوئی شعر کہو
لوٹ گئے یہ کہہ کر سب

○

مری دیوانگی جا کر یہ صحراؤں میں کہہ آئی
تمہارے کام آئے گی یہ میری آبلہ پائی

صبا، شبنم، گل و لالہ نہیں کافی گلستاں میں
چہکنے، چہچہانے دو تو ہم سمجھیں بہار آئی

تمہارے بن صنم ہر پل بڑا سونا سا لگتا ہے
تمہاری راہ تکتی ہے مرے جیون کی انگنائی

۱۹۴

صبا کے دوش پر جیسے کلی کوئی کہیں چٹکے
کسی نازک بدن نے صبح دم یوں لی ہے انگڑائی

ذرا سا اک لحاظِ آبروئے عشق ہے ورنہ
مجھے اب خوفِ دنیا ہے نہ کوئی خوفِ رسوائی

جفاؤں پر جفائیں وہ کیے جائیں مگر سیّد
چھلک سکتا نہیں میرا کبھی جامِ شکیبائی

○

اسے بھلانے کا جب بھی کبھی ارادہ کیا
دلِ تباہ نے تب شور کچھ زیادہ کیا

بڑھے ہیں جور و ستم جب بھی اُس جفاخو کے
تو جذبِ عشق کا ہم نے بھی پھر اعادہ کیا

کبھی بچھائی ہیں نظریں کسی کی راہوں میں
کبھی نگاہ کو اپنی چراغِ جادہ کیا

۱۹۶

کچھ اس طرح بھی منایا ہے جشن یاروں نے
لہو کو رنگ کیا خاک کو لبادہ کیا

خوشا تصورِ جاناں کہ اُس کے جادو سے
لب و نگاہ کو ہم نے بھی جام و بادہ کیا

فقط تمہیں نہیں سیّد مطیعِ شاہِ غزل
جناب میر سے کس نے نہ استفادہ کیا

۱۹۷

○

نہ مال وزر سے میسّر نہ عزّ و جاہ میں ہے
سکونِ قلب تو بَس اُس کی بارگاہ میں ہے

شکست کھاتا ہے لشکر جو بار بار ترا
ضرور کوئی کجی تو صفِ سپاہ میں ہے

بُلندیاں مجھے دلکش نظر نہیں آتیں
غروبِ مہر کا منظر مری نگاہ میں ہے

۱۹۸

وہ ایک خوشۂ گندم جو میری قسمت کا تھا
اثر اسی کا ابھی تک مرے گناہ میں ہے

غرورِ حسن کہیں اُس کو ہم کہ نازشِ حسن
جو اجتناب اُسے ہم سے رسم و راہ میں ہے

ضمیر ٹوکتا رہتا تھا ہر قدم مجھ کو
خموش رہتا ہے جب سے مری پناہ میں ہے

غزل میں حسن جو آئے تو کس طرح سیّد
ہزار یاس کا عالم دلِ تباہ میں ہے

آبجوئے دردوغم نکلی تو دریا ہوگئی
مشتِ خاکِ عشق جب بکھری تو صحرا ہوگئی

بُوئے گل جب تک تھی گل میں تو بہت معصوم تھی
جب ہَوا کے دوش پر نکلی تو رُسوا ہوگئی

اُس بُتِ طنّاز کی چشمِ عنایت کیا کہوں
اک قیامت تھی جو جانِ دل میں برپا ہوگئی

۲۰۰

آرزوئے دوست دِل میں تھی صدف کی شکل میں
جب لبِ اظہار پر آئی تماشا ہو گئی

چھا گیا تھا کوئی اتنا ذہن پر پچھلے دنوں
ہر غزل میری بس اُس کا ہی سراپا ہو گئی

آج ہم جو بھی ہیں سیّد اُس دعا سے ہیں کہ جو
ماں کے دل سے نکلی سر پہ سایا ہو گئی

○

بے برگ اپنے باغ کے یارو شجر تمام
جھولی میں غیر کے ہی گئے ہیں ثمر تمام

پَر جو دیئے ہیں جراَتِ پرواز کیوں نہ دی
بے کار ہو گئے ہیں مرے بال و پر تمام

خوشبو کسی کی یاد کی پھر پاس آئی ہے
مہکا ہوا ہے آج مرا گھر کا گھر تمام

تھا عجز بندگی نہ ادائے کلیم تھی
مانگیں تھیں جو دُعائیں گئیں بے اثر تمام

کل جو گئے تھے کوچۂ دلبر میں کج کلاہ
لوٹے ہیں آج ہو کے وہ شوریدہ سر تمام

سیّد تو اعتبارِ محبت نہ پا سکا
کہتے ہیں معتبر اسے اہلِ نظر تمام

○

برکتیں اب اِس مکاں سے جا چکیں
راحتیں سب قلب و جاں سے جا چکیں

چاندنی آنگن سے گو یا اُٹھ گئی
اور ضیائیں کہکشاں سے جا چکیں

جس کے دم سے سر پہ تھا ہر سائباں
وہ دعائیں سائباں سے جا چکیں

۲۰۴

کل صبا روئی بہت تڑپی بہت
خوشبوئیں جب گلستاں سے جا چکیں

بزمِ گل سے جاں فزا فردوس کو
فاختائیں شاخِ جاں سے جا چکیں

شاخِ گل دم سادھے تکتی رہ گئی
بلبلیں سب آشیاں سے جا چکیں

ہو سکا ہم سے نہ ان کا حق ادا
مامتائیں اب یہاں سے جا چکیں

اک دعا گو اس جہاں سے اٹھ گیا
سب دعائیں آستاں سے جا چکیں

ذہن و دل میں ان کی یادیں رہ گئیں
نیک روحیں اس جہاں سے جا چکیں

دل کے گوشے سے بلاتی تھیں سدا
وہ صدائیں درمیاں سے جا چکیں

۲۰۵

پھر ہوا یوں دل پہ پتھر رکھ لیا
شدتیں آہ و فغاں سے جا چکیں

جی رہے ہیں یوں تو سیّد ہم مگر
آرزوئیں دل مکاں سے جا چکیں

● دادی مرحومہ کے انتقال پر